仲間とつながり、
自分らしく成果を出す
コミュニティ・
ワーカー

自分の居場所をつくる働き方

中里桃子
Momoko Nakazato

日本能率協会マネジメントセンター

はじめに

「働き方改革や副業解禁などとよく聞くけれど、正直なところ、何をしたらいいのかよくわからない」

「会社で活躍する人を見て、『すごいな』『うらやましいな』とは思うものの、自分がそうなれるなんて、とてもじゃないけれど思えない」

「起業している人がとても楽しそうに見える。『このまま会社にいても、先が見えている』と正直なところ感じている。だけど、自分には起業できるようなスキルがあるとは思えない」

「今いる会社は、決して居心地がいいわけではない。独立してもっと自由に働きたいという気持ちもある。だけど、会社員という安定を捨ててやっていける気がしない……」


この本は、今まさにこんなことを感じている方のために書きました。

そして、じつはここにあげたことは、かつての私が感じていたことでもあります。

20代の頃の私は、1~2年ごとに転職をくり返し、34歳で起業するまで7社を経験しました。どこの会社でも、自分が輝いていたという記憶はありません。輝くどころか、東京都の当時の最低賃金の時給で働いていたこともあります。

転職をくり返したものの、深めたスキルがあるわけでもありません。事務仕事がほんとうにニガテだった私は、いつも管理部に叱られていました。

「いつか独立したい」という漠然とした想いはありました。でも、私はとても飽き性です。資格取得や語学、スキルアップなど、時間もお金も相当使いましたが、結局のところ納得いくまで専門性が高められた領域はありません。どの分野も、良くて60点くらいでしょうか。

それでも、ありがたいことに、今年で起業4年目を迎えることができました。妊娠中にもかかわらず売上げは2倍になり、チームメンバーも3人から9名に増えました。

この本では、私が試行錯誤してきた経験や、現在、コミュニティの専門家としてさまざまな組織、コミュニティとかかわる中で出会ってきた方々を見ていて気づいたことを中心に、**これからの時代の働き方**を提案していきます。

本書でご提案したい**コミュニティ・ワーカーは、働き方の「第3の道」**といえます。

第1の道は、会社員として出世を目指す道。第2の道は、スキル・経験・情熱を武器にしたスペシャリストの道（専門家や起業など）。

どちらも憧れる方が多いかもしれませんが、じつは共通の問題点があります。それは、**ポジションが限られている**ということ。会社員として評価される人やスペシャリストとして生き残れる人は、せいぜいビジネスパーソンの2割程度。「うらやましい」とは思っても、みんなにポジションがあるわけではないのです。

だから、それぞれの道を究めようとすると、どうしても競争が避けられません。

会社員であれば社内政治や出世競争、スペシャリスト志向であれば終わりなきスキルアップ競争……。どちらの道を選んだとしても、睡眠時間や家族・友人たちと過ごす時間を削って、会社やスキルアップのために尽くさなければいけないというのが現実ではないでしょうか。

さらには、ますます進む国際化や、デジタル・トランスフォーメーションの影響を受け、大企業でも存続が危ぶまれたり、部署単位で買収されたりすることが決してめずらしくなくなってきました。**先行き不透明なＶＵＣＡの時代、ますます競争が過酷なものになる中で、勝ち続けるのはとても難しい**ことです。

本書は、会社員として上を目指す道、終わりなきスキルアップの道、どちらもしっくりこない方のためのものです。

働き方の３つの選択肢

会社員として出世していく道	スペシャリストの道	コミュニティ・ワーカー
競争（社内での競争）	競争（市場での競争）	共創
当面の収入は安定するが、社内での競争は避けられない。会社がなくなるリスクもある	自分の人生を自分で決められるが、リスクも100％自分で負う	会社員を続けながら、競争とは離れたところで自分らしく成果を出せる居場所をつくり出す
一人で勝つ	一人で勝つ	みんなで勝つ

限られたポジションを誰かから奪うのではなく、自分らしくいながら、仲間とともに成果を出せる「居場所」を自分でつくり出していく。それが、本書でご提案したい**「コミュニティ・ワーカー」**という働き方です。

人生１００年時代といわれるようになりましたが、残念ながら社会制度の整備はまだまだ追いついていないのが現状です。世の中が変わる中で、自分らしくいられる「居場所」を確保し続けることができるかどうかは、人生の満足度に大きく影響していきます。

もしかしたら、そんな先のことを心配する以前に、かつての私のように、今の会社でいまいち輝けていない方もいるかもしれません。

でも、コミュニティ・ワーカーとしての働き方を少し取り入れるだけで、**今いる居場所が、もっともっと居心地のいいものになっていく**はずです。


時代が大きく変わる今、私たちは選択に迫られています。一人で勝ち残るために孤独な戦いの道を選ぶのか、それとも、自分らしくありながら仲間と一緒に成果を出す「居場所」をつくり出せる人になる道を選ぶのか——後者の道を選びたい、という方は、早速、コミュニティ・ワーカーに向けた歩みを進めていきましょう。

?
Left
Right

『自分の居場所をつくる働き方
～仲間とつながり、自分らしく成果を出すコミュニティ・ワーカー～』

目次

はじめに ―― 003

第1章 働き方の常識が変わった！

●人生100年時代、あなたに「居場所」はありますか？ ―― 16
●「生き残るためには、スキルアップが欠かせない」
……というわけでもない。 ―― 20
●社内エースでも、スペシャリストでもない、「第3の道」を見つけよう！ ―― 24
●会社という「居場所」に支配されないために、知っておきたいこと。 ―― 28
●コミュニティ・ワーカーは

「好きな自分でいられる時間」を増やす努力をする。―― 33
● 一人で何でもできるようにならなくてもいい。
「助けて」と言える力が武器になる。―― 38
●「やりたいこと」はなくてもいい。人付き合いが上手でなくてもいい。―― 43
● コミュニティ・ワーカーは、戦わない。だから、負けることもない。―― 48

第2章

「つながる力」を武器に変える！コミュニティ・ワーカーの3つのスキル

●「つながる力」を武器にするのに、努力はいらない。―― 54
● エピソード① デザイナーなのに、「デザインの仕事が嫌い！」なAさん ―― 58
● ～コミュニティ・ワーカーのスキル① 自分を知る～
まずは、自分の「好き／嫌い」を知ろう。―― 62
● エピソード② スキルアップの落とし穴にはまってしまったBさん ―― 68

●～コミュニティ・ワーカーのスキル②　学ぶ～
これからの「学び」は、つながりの中で自分を最大限活かすためのメタ・スキルになる。――72
●エピソード③　チームで働くことで思わぬチャンスを得たHさん――77
●～コミュニティ・ワーカーのスキル③　チームで働く～
自分の可能性は、自分だけでは気づけない。――81

第3章　コミュニティ・ワーカーのスキル①　自分を知る

●自分を活かすために、自分というパズルのピースの形を知ろう。――86
●今の自分を知る手がかりは、過去の出来事の中にある。――91
●最強のスキルアップツール毎日3分の日記を始めよう。――99
●「やりたいこと」は探さなくてもいい。「応援したい人」を探そう。――106

第4章

コミュニティ・ワーカーのスキル②
学ぶ

●「自分のための学び」から、「誰かのための学び」へ。――114
●「応援したい人」をきっかけにして、新しい役割を試してみよう。――119
●スピーディな学びが、居場所をつくる。
～20時間で学び、つながりをつくり出す～――123
●「振り返り」をとおして、「学び」と「つながり」を深める。――127
●小さく始めて、小さくアウトプットしながら、
大きな成果へとつなげていく。――133
●学び上手は、一人では学ばない。～挫折しない環境のつくり方～――138
●好きな場所で、自分らしくいられる仕事を得る。
～今あるスキルを別の場所で活かす～――142

第5章

コミュニティ・ワーカーのスキル③ チームで働く

●コミュニティ・ワーカーは、みんなで勝つ道を探る。――148
●「何をやるか」「どんなスキルか」よりも「誰と働きたいか」を大事にする。――152
●権力・お金に頼らないと、チームの力は強くなる。――157
●「身近な人からお金をもらっていいのか？」という不安に向き合う。――161
●時間がない中で、プロジェクトを回す分業のコツ。――167
●気持ち良く次に向かうチーム解散のコツ。――173
●自分の居場所をつくれる人から、他人の居場所をつくれる人へ。――177

おわりに――182

第1章

働き方の常識が変わった！

人生100年時代、
あなたに「居場所」は
ありますか？

「人生100年時代」といわれています。医療が発達したことで、平均寿命はどんどん延びています。それはとても幸せなことである一方で、新たな問題が生まれています。それが、本書のタイトルにもある**「居場所」**です。

本書では居場所を、**「あなたに合った、心地良い役割を果たせる場所」**と定義したいと思います。

居場所として真っ先に思いつくのは、「家庭」や「会社」でしょうか。家庭はいわずもがな、「会社」も自分にとって大切な居場所です。

人間は社会的な動物です。経理や営業などの職種的な役割だけでなく、「お笑い担当」「話の聞き役」「リーダー的存在」など、集団の中で、それぞれが役割をもってその場に参加しながら、居場所を得ています。

ただ、経済的にも社会的にも、大切な居場所のひとつだった「会社」について考えてみると、私たちの働き方は、この数十年の間に大きく変わりました。

かつては常識だった年功序列は、どんどん見られなくなりました。転職はもはや当たり前。独立・起業も決して珍しいことではありません。「新入社員のうち、『一生、この会社で仕事をしよう』と思って入社する方は2〜3割程度」という調査結果もあります。

以前に比べると、「会社＝自分の居場所」だという感覚をもっている方は、少なくなっているかもしれません。

もちろん中には、「大好きなこの会社で、いつか○○をしたい！」などと、強い思いをもって入社される方もいます。しかし、歴史があったり、規模が大きかったりする会社であればあるほど、会社でやりたいことができるようになるまでに、時間がかかることもあります。やりたいことをやるために下積みをがんばろう――そう思って努力しながら待っているうちに、事業部、もしくは会社自体がなくなってしまう……こんなことが起こり得る時代になりました。

じつは、「事業部がなくなる」というのは、私自身が経験したことでもあります。

私が最初に就職したのはとあるベンチャー企業です。当時は、年間300人の新卒社員を採用するほど成長・拡大していましたが、入社3年目にリーマン・ショックを経験。社員の3分の1を早期退職させる公募を行いました。ちなみに、当時の社員の平均年齢は27歳。古い体質から脱け出せない会社だけではなく、若くて勢いのある会社でも、こういったことが起こり得る時代です。

また、あるデータでは、２０１７年に倒産した会社の平均寿命は23・５年だといいます。ひとつの商品・サービスでいうと、その寿命はもっと短くなるでしょう。

かたや、私たちの寿命は80歳を超えます。年金制度が今後どうなるのかも、不透明です。今、30代だとしたら、少なくともあと30～40年は働き続ける必要がありそうです。20代ならば……と想像すると、ちょっとゾッとしてしまいそうですね。

いずれにしても、**会社よりも私たちのほうが、ずっと長く生きていく**のです。

会社という、私たちの生活を支え続けてきてくれた居場所を失うリスクが高い今、私たちはどうやって働き、どうやって生きていけばいいでしょうか？

この本でご提案したいのは、そんな人生１００年時代の働き方戦略です。

「生き残るためには、
スキルアップが
欠かせない」
……というわけでもない。

私の夫は電気メーカーの研究職です。少し前であれば、研究職といったら、スキル・専門性を活かした仕事の代表のようなものでした。もちろん、日々知識や情報をアップデートしていくことは必要かもしれませんが、それでもベースになる専門性は廃れることがない、と思われていたのです。

しかし、会社の主力製品がものづくりからソフトウェアへとシフトする中で、ものづくりの研究職だった社員たちが、ソフトウェアのエンジニアなど、それまでとはまったく違ったスキル・専門性を必要とされる仕事に転向させられるケースが増えているといいます。それまで、やりがいを感じ、慣れ親しんできた仕事がなくなってしまうことが、とても身近なところで起き始めています。

こうしたことが、めずらしくなくなっているからでしょうか？

「人生100年時代、生き残っていくためにはスキルアップするしかない！」

メディアなどで、こうした言葉を見かけるようになりました。

「会社には頼れない時代だからこそ、スキルや専門性を身につけなければならない」

このように考える方の気持ち、よくわかります。なぜなら、私自身が、就職してからずっと、「何かしなければ！」「もっとスキルを身につけなければ！」と考えていたからです。

2010年前後から生まれたSNS起業ブーム、フリーランス・ブームに流されて、資格の学校や起業塾、商工会議所……いろんな場所に足を運び、いろんなことを試しました。さらには、マッサージ店のマネジャー、貸会議室の運営、イベンター、起業コンサルタント、研修講師など、思いつく限りの副業も試しました。

だけど、どれもいまいち手ごたえを感じられずにいました。

もちろん、何もしないよりはマシだったとは思います。多少のスキルや知識、経験は身につきました。でも、**いざその世界に入ると、「上には上」がいます。**私自身、**「少し努力しただけでは、とてもじゃないけれど太刀打ちできない」**と、打ちのめされることの連続でした。

それに、**技術やトレンドは、あっという間に変わります。**下手をしたら、新しいスキル・専門性を身につけているうちに、トレンドが衰退してしまう、ということすらあり得ます。

世の中の変化から遅れないような「スペシャリスト」であり続けるには、家族や友人、パートナーと過ごす時間や睡眠時間を削ってまで、自分のエネルギーを投資し続けなければならない……。飽きっぽい私には、その努力を続けることはできませんでした。何よりも、いくら将来のためとはいえ、会社には内緒にしながら、誰が喜んでくれるかわからない、努力の先にいる人の顔が見えない状態でがんばり続けることに、「幸せ」を感じることができませんでした。

おそらく、こうした経験をしたことがある方は、私だけではないと思います。**ひとつの道を極めるという孤独な道を、一人で歩み続けられる人は、そう多くはない**というのが現実ではないでしょうか。

もちろん、変化が激しい時代、学び続けることは必要です。

ですが、スキルアップをして、自分の力で生きていく、スペシャリストを目指すというのは、残念ながら、かなり困難な道なのだと認識し、**スペシャリスト以外の道を目指したほうが、より幸せ**なのではないでしょうか。

社内エースでも、
スペシャリストでもない、
「第3の道」を
見つけよう！

会社には頼れない、スペシャリストの道を歩むのも難しそう……。

ここまで読んで、不安になった方もいるかもしれません。でも、いたずらに不安をあおりたいわけでないのです。

少なくとも、今、この本を読むだけのエネルギーや知性がある方は、「今すぐなんとかしなければ生きていけない」という状況ではないと思います。おそらく、給料の未払いもないでしょうし、来年から100万円、200万円単位で年収が落ちる可能性も低いでしょう。きっと、**「そんなに差し迫った状況ではないけれど、何かしなくちゃいけないんじゃないか」**と思い始めている方が多いのでは？


私は、2016年に株式会社を設立し、独立しました。今、この立場から会社員だった頃の自分を振り返ると、とても恵まれた環境にいたと思います。

まず何よりありがたいのは、企画や営業職をしていて、平日もわりと自由に活動ができていたのに固定給が約束されていたこと。たしかに一定の時間は拘束されますが、安定した給与で、生活は保障されていました。

また、とくに近頃は働き方改革や副業解禁がどんどん進み、残業時間も減って（減らされて）、仕事以外の時間は自由に使える方が増えているのではないでしょうか。

２０１７年、堀江貴文さんの『多動力』（幻冬舎）という本が大ヒットしました。「どんどん動こう」「動かない奴はダメだ」というのは、たしかにそうかもしれません。でも、家庭があり37歳になる私にとっては、**「そうはいっても守るものがあって動けないこともある」**というのが本音です。だからこそ、本書では、**今いる居場所を守りながらできる「働き方改革」**を提案します。

突然会社を辞めたり、背水の陣を敷くために独立をしたりといったことは、一切オススメしません。スキルや専門性を高めてスペシャリストとして生きていく道をオススメしたいわけでもありません。もちろん、だからといって、会社の中でエースとして頭角を現す方法をご紹介するわけでもありません。そもそも私は、社内でエースだった経験がありません。

この本でご紹介するのは、**社内エースでも、スペシャリストでもない、「第３の道」**としての**コミュニティ・ワーカー**という働き方です。


健康で幸せな人生を送りたい。

きっとみんなこんなふうに思っていますよね。だけど、残念ながら、今の時代、こうした人生を実現するのはなかなか難しくなってしまいました。

だけど、時代が変化する中だからこそ、時代を読み、少し工夫するだけで、**今よりも幸せに働き、幸せに生きる可能性を高める**ことができます。

そんな幸せな人生が、コミュニティ・ワーカーが目指すところです。

ちなみに、これからの時代に幸せに働くためのポイントは、次の２つ。

・スキル・知識よりも、人とつながる力を大切にする。

・自分の「居場所」をつくるだけではなく、関わる人たちの「居場所」も用意してあげられるようなコミュニケーション・スキルと心の余裕をもつ。

こうした力をどうやって磨いていけばいいかを考えていくために、そもそも私たちの「居場所」とはどういうものなのか、もう少し深く探ってみましょう。

会社という「居場所」に
支配されないために、
知っておきたいこと。

先ほどご紹介したように、私は就職して3年目でリーマン・ショック、そしてリストラを経験しました。今では、リストラ、そして退職を経験して、ほんとうに良かったと思っています。なぜなら、当時の私は、なかなか会社の中で活躍できずにいたからです。「入社してもう3年なのに、全然活躍できないなんて……もう私の人生、ずっと輝けないまま終わるのかな」と感じていました。同じように、「自分はこんなものなのかな」と、やりがいも自己効力感もないまま同じ会社で働いていた同僚たちが、次々と転職や独立をしていく姿を見てきました。でも、会社を辞めてから2〜3年後に会うと、多くの元同僚たちは次の居場所でイキイキと活躍している——こんな姿を近くで見られたことも、得がたい経験だったと思います。

今思うと、当時は、私も同僚たちも、「会社」というひとつの箱の中にすっぽりハマってしまっていて、その会社の評価軸で判断される結果がすべてだと思い込んでいたのです。

自分が所属している居場所（コミュニティ）がひとつしかないと、「この場所でうまく立ち回れない自分はダメだ、もう生きていけない」といった気持ちになります。

これは、原始時代からずっと集団で生きてきた私たちの、抗えない本能によるもの

図1　私たちはさまざまな“空間”に身を置いている

愛情空間

主に家族や恋人

友情空間

同じ時間と場所を共有した
学生時代の親友たち、地元の仲間

政治空間

愛情空間と友情空間に加え、
先輩・後輩・同僚など、
敵・味方混じった状態

貨幣空間

他人によって構成され、
貨幣によってつながった世界中の人たち

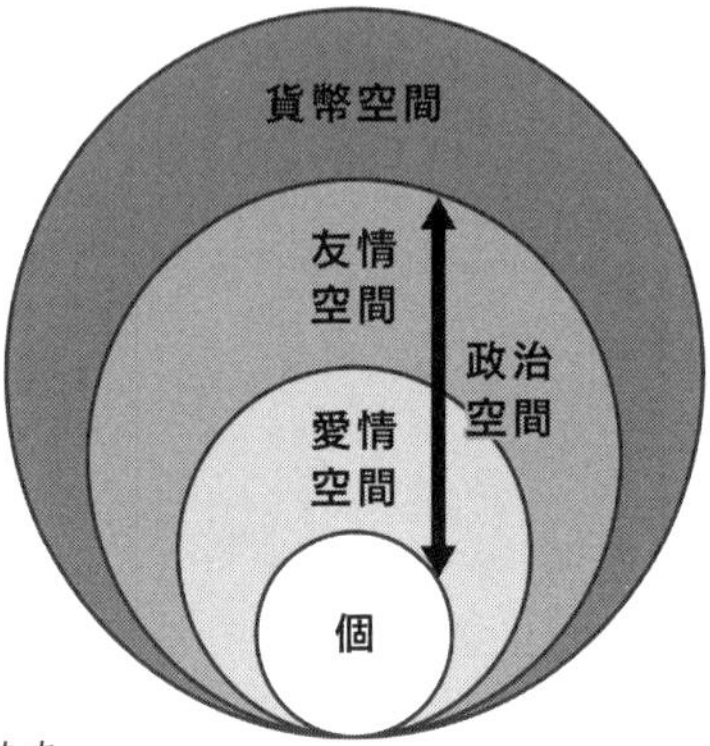

(『幸福の資本論』(橘玲著、ダイヤモンド社)より、著者作成)

です。私たちの本能を、現代における居場所と対応する形で、わかりやすく示してくれたのが、橘玲さんが著した『幸福の資本論』(ダイヤモンド社)という本です。この本によると、私たちはさまざまな「意味的空間」に身を置きながら、生きています(図1)。

　私の例をもとに、もう少し具体的に考えてみます。私は、就職を機に東京に引っ越して、一人暮らしを始めました。働き始めたばかりの頃の私は、図2のように、会社という**「貨幣空間」**が、時間的にも心理的にも、大きな割合を占めることになります。当時の私がまさにそうだったのですが、仕

図2　就職して一人暮らし

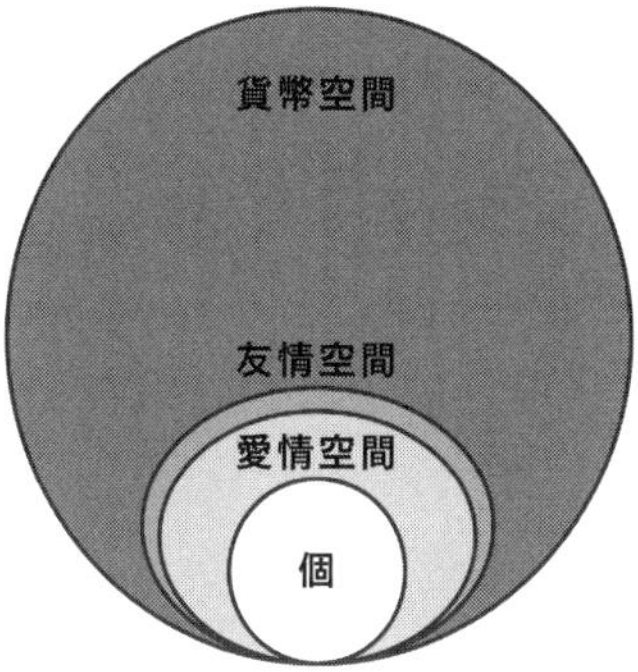

図3　社外に居場所ができる

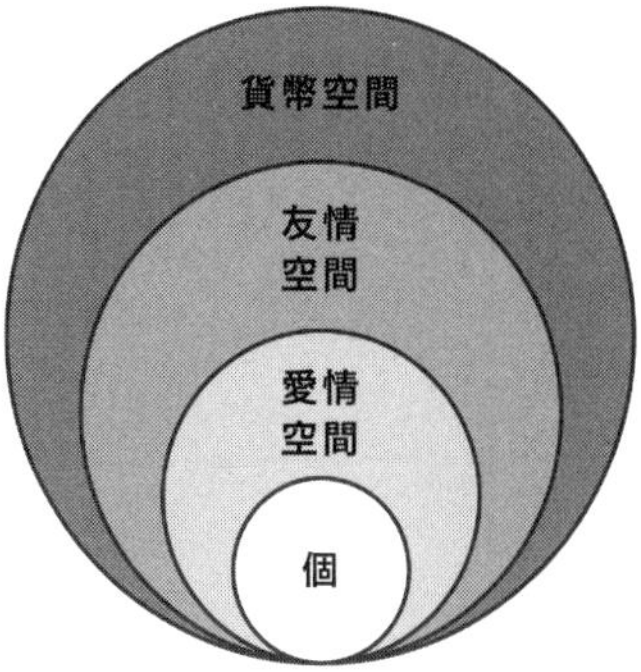

事で大きなミスをしてしまった時、仕事が終わったあとも引きずることが多かったです。当時の人間関係は、仕事で知り合った方との付き合いがほとんどでしたから、切り替えができなくて当然です。良くも悪くも、仕事一色。仕事でうまくいかない時は、公私ともに明るい気持ちになることなんてできません。**会社というひとつの「居場所」に、経済的にも、心理的にも、人間関係的にも左右されてしまう、とても危険な状態**でした。

その後、紆余曲折を経て、ちょうど30歳になった年に、社外のとある「コミュニティ」に出会い、そこで「仲間」と呼べる方々との「つながり」を得ました。ふしぎなもので、それからはたとえ仕事で多少うまくいかないことがあっても、コミュニティの仲間たちと過ごすことで、気持ちを切り替えることができるようになりました。これは、**「友情空間」**という居場所を得たと説明できそうです（図3）。

居場所を複数もつことは、株式投資に似ています。自分の時間のすべてを、「会社員人生」に捧げていると、「会社員人生株」が急落した時、破産するリスクがあります。自己肯定感はズタズタに下がってしまい、ほかのことをやろうとしても**「自信がもてない→その場にい続けるしかない→さらに自己肯定感が下がる」という、負のスパイラル**に陥ってしまいます。でも、**複数の居場所に投資していれば、リスクを下げられます。**たとえば、「会社員人生株」が急落しても、「地域コミュニティ株」（PTA役員など）や、「大学時代の友人株」「趣味の教室株」など、別の居場所で自己肯定感を維持し、次のことにチャレンジするための自信を育てることができるのです。

次の項目では、とくに仕事という面で、どういう居場所に投資すると良いのかを考えてみます。

コミュニティ・ワーカーは「好きな自分でいられる時間」を増やす努力をする。

『幸福の資本論』のほかにも、とても影響を受けた本があります。それは、平野啓一郎さんの『私とは何か』(講談社現代新書)という本です。そこで紹介されていた**「分人主義」**という考え方に、とても大きな衝撃を受けました。

個人という英単語「individual」は、「in-divide」と、否定の接頭語の「in」がつくことで、個人の性格やキャラクターは唯一固有で「分けられない」という意味としてつくられています。ですが、平野さんはこの本の中で、「分けられる人」という意味で「分人」という言葉を使っていました。

私は、平野さんがおっしゃるように、**「個人のキャラクターは分けられる」**と思っています。むしろ、違って当たり前。なぜなら、私も**居場所が変わり、対面する相手が変わると、自分自身がまったく違う人間になる**ことを体験してきたからです。

コミュニティ・ワーカーは、自分自身がもっている資源(時間、健康、感情、モチベーション、可能性など)を、さまざまな居場所に分散させていくことになります。金融資産のポートフォリオ運用のように、自分がつながる居場所を分散しておくことで、会社での自分と、それ以外の自分を、分けていくのです。

私たちは、なんらかのコミュニティに所属しなければ、生きていけません。これは、もう人間の本能なので変えようがないことです。だけど、**どこに所属するか、どのように所属するか**（ひとつか複数か、どのコミュニティにどれくらいの時間関わるか）**は、自分で選ぶことができます**。

今のあなたの居場所には、どんなものがありますか？　あなたの心は、何がどれだけ占めていますか？　また、居場所は、「あなたに合った、心地よい役割を果たせる場所」のことでした。**それぞれの所属先での自分の役割にどれくらい満足していますか？　その場にいる自分は好きですか？**

図4を使って、今、あなたが所属している居場所（会社、家庭、社外の活動、地域の活動など）を考えてみましょう。それぞれについて「**金銭的報酬**（見合ったお金を得られているか）」「**心の報酬**（満足感・充実感は得られているか）」「**スキルUP**（成長につながるか）」「**新しい能力**（会社では得られない能力開発の機会を得られているか）」「**人のつながり**（仲間と呼べる存在を得られているか）」「**心の成長**（精神的な成長につながっているか）」「**ビジョン**（そこでの活動が目指すビジョンに共感できているか）」という視点で、点数をつけてみます（10点満点）。きっと、点数が低いところ

図4　ワーク1　あなたの居場所の満足度は？

（記入例）

		評価項目							
		金銭的報酬	心の報酬	スキルUP	新しい能力	人のつながり	心の成長	ビジョン	小計
居場所	例）会社	8	5	5	3	3	5	4	33
	例）読書会	3	7	3	4	9	6	6	38
	例）副業コーチング	3	9	6	3	7	8	9	45
	小計	14	21	14	10	19	19	19	

		評価項目							
		金銭的報酬	心の報酬	スキルUP	新しい能力	人のつながり	心の成長	ビジョン	小計
居場所									
	小計								

／高いところがあることでしょう。

これだけ多くの要素があると、いきなりすべてを思い通りに高めていくことは難しいかもしれません。だけど、今の自分にとって、それぞれの居場所がどういう意味をもっているのかを把握しておくことは、とても意味があることです。また、点数が低い評価項目のうち、とくに優先度が高いと感じる部分があったら、「なぜ点数が低いのだろう？」「どうしたらもっと高められるか？」を考えてみることをオススメします。どんな居場所を得ていけばいいかを考えるきっかけになるはずです。

もし、今、所属している会社や、長い時間を過ごしている環境にいる時の自分があまり好きでないようならば、ひとつかふたつ、新しいコミュニティを取り入れてみてはいかがでしょうか？ そうすることで、今の自分とは違う「分人」が見つかり、もっと「好きな自分」でいられる時間が増えるかもしれません。

これまでは居場所を失うことのリスクばかりをお伝えしてきましたが、**時には「捨てる」ことも大事**です。人はみんな成長するものです。ずっと同じ場所にはいられません。「会社にいる自分に満足していない」「大学時代の友人たちといる時の自分は、嫌な奴に感じる」など、その場にいる自分があまり好きでないと感じるようになったら、あえて離れてみることをオススメします。実際に私は、大学に進学し、東京で働き始めて以来、小学校・中学校の頃の友人との交流はほとんどなくなりました。

私たちの時間は限られています。居場所を失うことが、少し寂しく感じたりもしますが、手離さなければ、次の居場所を得ることはできません。勇気を出して、**「好きな自分でいられる場所」**へと踏み出していきましょう。

一人で何でもできるように
ならなくてもいい。
「助けて」と言える力が
武器になる。

「大人になったら、一人で何でもできるようにならないといけないよ」

子どもの頃、このように教わってきた方が多いのではないでしょうか。私はそうでした。それに、いざ大人になり、働き始めてからも、「はやく一人前になって」と言われてきたかもしれません。

事務作業がほんとうにニガテな私は、恥ずかしながら30歳を過ぎても、「どうしてこんなことができないんですか?」と何度も言われてきました。当時の私は、「なんで私はこんなにダメなんだろう」と自己嫌悪に陥っていたものです。

でも、今は「ニガテな仕事は得意な人に任せるほうがいい」と思っています。自分がやるよりもクオリティが上がりますし、ミスなく円滑に進むからです。そのかわりに、自分の得意な分野で成果をあげればいいわけです。

一人で何でもできるようになる必要はないどころか、むしろ「一人で何でもできるようにならなければいけない」という思い込みが、マイナスになることもあります。**「自立」＝「一人で何でもできるようになること」「人に迷惑をかけないこと」だと考えていると、「助けて」と言えなくなってしまう**おそれがあるからです。

これは私自身が経験した**「自立の落とし穴」**です。

以前、美容チェーンの会社に勤めていた時、新たな店内放送システムを導入する責任者を任されたことがあります。当時の私は、「責任者なんだから、私ががんばらなければ！」と意気込んで、システムの選定から店舗でのシステム設定のマニュアルづくりまで、すべて自分でこなそうとしていました。

でも、うまく設定の指示ができず、一時、全店の店内放送システムが止まってしまうという事態に……。店舗のスタッフは、美容系の技術者がほとんどです。システムに疎い方も多いので、マニュアルをつくりなおしたところで、うまく伝わるかどうかわかりません。だけど、このままでは店内の放送は止まったまま……。

「責任者なんだから、私が何とかしなければ！」と思った私は、徹夜をしてでも自分一人で全店舗を回って、システムを設定しなおそうと考えました。血眼になって工程表をつくっている時、予約システムの設計担当チームの一人が、こう話しかけてくれました。

「40店舗すべてを一人で回るのは現実的じゃないですよ。各店舗のシステムに強い人に連絡をとって、電話やメールでやり取りをすれば何とかなります」

そして、各店舗にいるシステムに強い担当者を教えてくれたのです。

自分のミスを他人に知られたくないから、自分一人でこっそり動き回って事態を収拾させようと考えていた自分が、とても恥ずかしくなりました。

会社全体のことを考えれば、より早くスムーズに解決できることが何より大事。それが一人でできないことであれば、「助けてください」と素直に協力を求めるべきでした。そうしてまわりを巻き込み、つながりを活かして成果をあげることが、責任者の役割でした。自分ですべて何とかすることは、ほんとうに大事なことではありません。

しんどい経験でしたが、この出来事のおかげで、**「私は自分をよく見せるためにがんばろうとしていたのだ」**と気づくことができました。以前の私は、「人に迷惑をかけて嫌われないように、何でもできるようになろう」と思っていたのです。

でも、**全部、自分でやらなければいけないわけでもなければ、人に迷惑をかけてはいけないわけでもありません。**これは、コミュニティ・ワーカーへと働き方をシフトさせていくうえで、真っ先にとり払わなければいけない思い込みです。

変化の激しい時代ですが、おそらくさまざまなテクノロジーが変化しても変わらない仕事の本質があります。そのひとつが、**仕事は、誰かと協力して成果を出すものだ、**ということ。むしろ、刻一刻と変化していく時代だからこそ、協力し合うことが大切になるのではないでしょうか。

変化が激しいということは、正解を見つけづらいということでもあります。また、一度見つけた正解が、ずっと通用するわけではありません。少し環境が変わると、またすぐに正解は変わってしまいます。

「三人寄れば文殊の知恵」ということわざがありました。どんなに凡人でも、協力して相談すれば、すばらしいアイデアを生むことができる、という意味ですが、ずっと昔からこのように考えられていたのです。

益々変化が激しくなっている今だからこそ、**「誰かと協力すること」という当たり前だけど、ついつい忘れがちな「つながる力」を見直し、ますます磨いて武器にする**コミュニティ・ワーカーへの道を探ってみてはいかがでしょうか。

「やりたいこと」は
なくてもいい。
人付き合いが
上手でなくてもいい。

「仕事は誰かと協力して成果を出すもの」に加えて、もうひとつ当たり前だけど、ついつい忘れがちな働くことの本質をご紹介します。それが、

「世の中の仕事の9割以上が、誰かの『やりたい』を補完する仕事である」

ということです。だから、やりたくないことでも我慢してやらなければいけない、といいたいわけでありません。ここでお伝えしたいのは、**「自分がやりたいこと」を強くもっていて、それを仕事にしている人は、思った以上に少ない**、という現実です。

おそらく、起業家は、「やりたいこと」を仕事にしている方でしょう。ただしそれ以外の方は、組織のトップの「やりたいこと」＝「世の中にこんな価値を提供したい」という想い」を補完する役割として、その組織に属しています。ただ、組織のトップも、「自分がやりたいこと」だけを仕事にしているわけではありません。組織も、お客さまの「こんなことがやりたい」「こういう世の中になってほしい」という願いを補完する役割です。

このように考えていくと、私たちの仕事は、お客さまの「やりたい」を満たす組織の「やりたいこと」にひもづく「やるべきこと」を分担してやっていき、個人単位での「できること」を増やしていくことでしょうか。

図5 「やりたいこと」「やるべきこと」「できること」

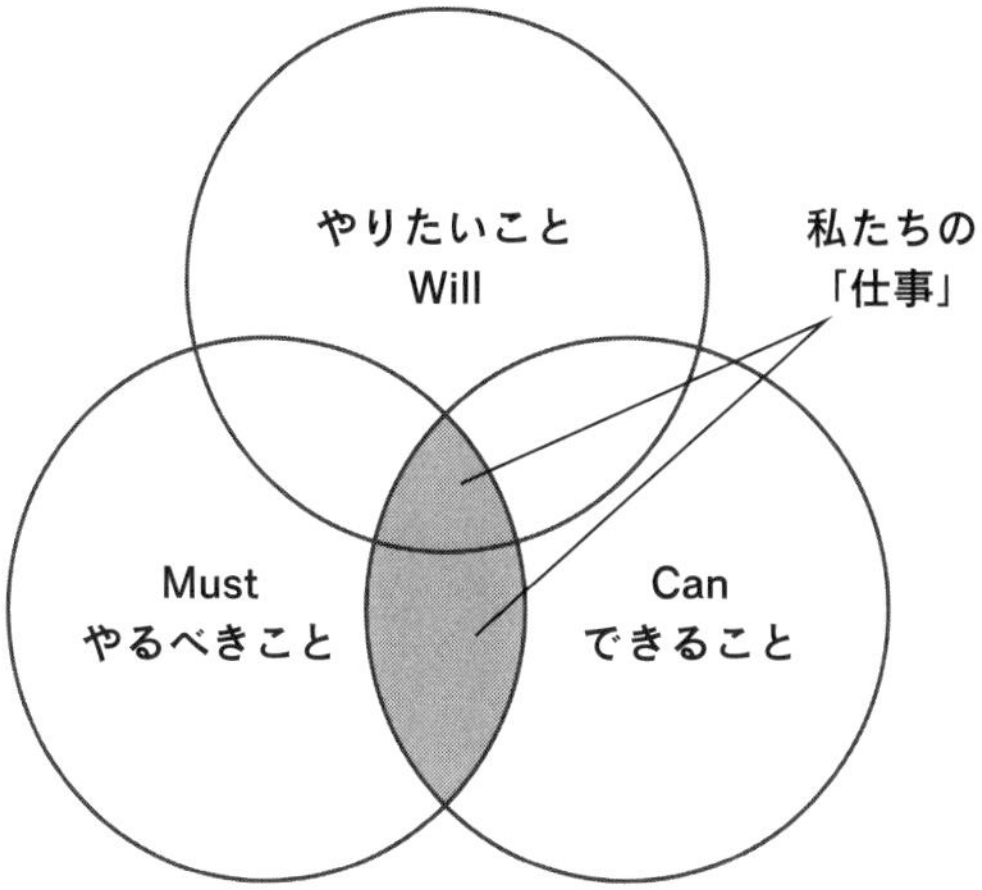

図にすると次のようになります（図5）。

この3つの円、どこかで見たことがある方も多いのではないでしょうか？　キャリア研修などでよく使われるものです。研修でよくいわれるのは、「自分のやりたいことと、自分のできることと、自分が会社や周囲から求められていることの重なる部分を努力して大きくしていきましょう」ということ。

でも、いざ考えようとしても、**「自分がやりたいこと」を見つけるのは、そう簡単なことではありません。**私自身、「ほんとうにやりたいと思えること」がなかなか見つけられなかったことも、いろんなスキルアップや副業に手を出したり、転職をくり返したりしてきた理由のひとつです。

そもそも、みんなが共感できるような大きな「Ｗｉｌｌ（やりたいこと）」を描ける人は、世の中にそんなにたくさんいません。だから、たとえば組織に所属しているならば、信頼できる人の「やりたいこと」を実現するために、指示として振ってくる「Ｍｕｓｔ（やるべきこと）」を整理し、こなしていくことで、「Ｃａｎ（できること）」を増やしていけばいいのです。

このように考えていくと、**大切なのは、「応援したい」と思える「Ｗｉｌｌ」をもつ人と出会うこと**であると気づけます。

図6をご覧ください。ここでは、コミュニティ・ワーカーに向いている人をまとめました。

コミュニティ・ワーカーに向いているのは、横軸「惚れ力」「応援力」（誰かの「Ｗｉｌｌ」に寄り添える力）が高い人です。すごいスキルや「私は絶対にこれをやりたい！」という強い意志をもって突き進む「行動力」は、必要ありません。

外交型・内向型など、性格の違いはありますが、コミュニティ・ワーカーという働

図6　コミュニティ・ワーカーに向いている人

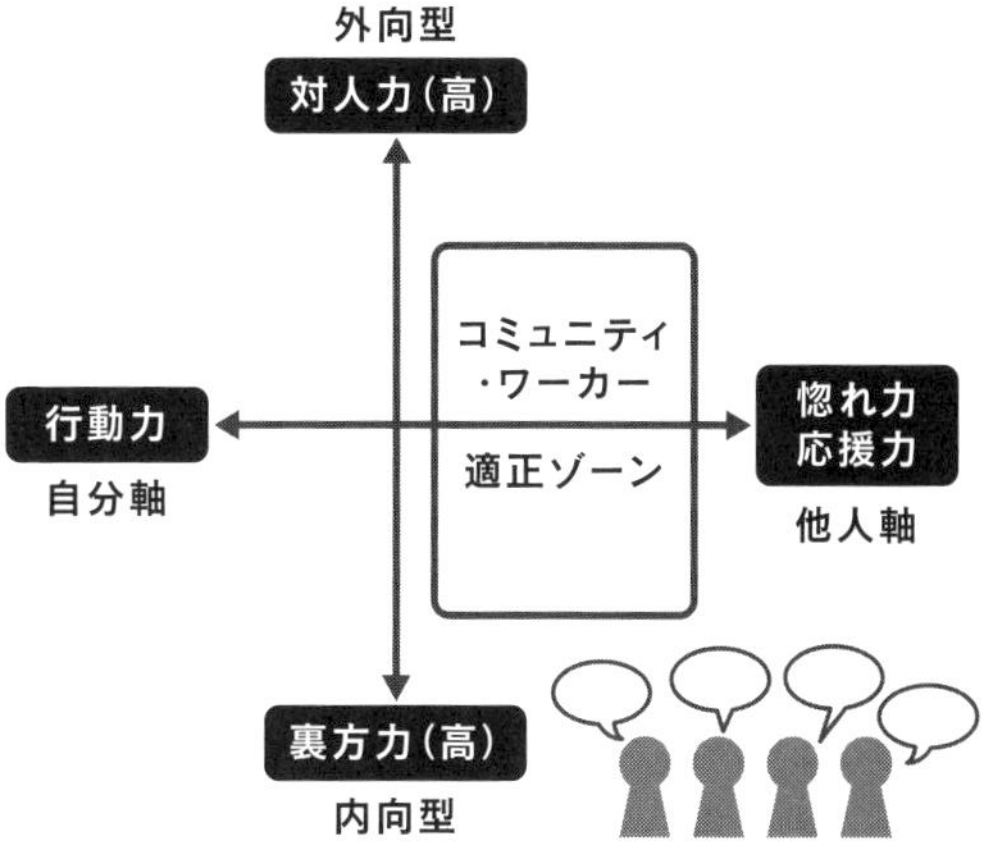

き方の向き・不向きには、あまり関係ありません。

外交型な方は「対人力」を活かして、居場所が心地良いものになるような関わり方ができます。また、内向型な方でも「裏方力」を活かして、チームに貢献することができます。これも立派な、コミュニティ・ワーカーとしての働き方です。「つながる力」を活かすといっても、**人付き合いがうまくなくてもいい**のです。あなたは、どんなコミュニティ・ワーカーを目指しますか？　図6をもとに考えてみてはいかがでしょうか。

コミュニティ・
ワーカーは、戦わない。
だから、負けることもない。

２０１９年の流行語大賞は「ワンチーム（ＯＮＥ ＴＥＡＭ）」。ラグビー・ワールドカップの日本代表のヘッドコーチ、ジェイミー・ジョセフ氏が掲げたチームのコンセプトです。

私は、それ以前、ラグビーをほとんど見たことがありませんでした。なので、完全に「にわか」のファンですが、見ていておもしろいと思ったのは、足が速い人もいれば遅い人もいて、身長が高い人もいれば低い人もいて、それぞれが活躍していたということです。**それぞれが自分らしさを活かしてすばらしい結果を出す様子**に、**「つながる力」の理想的な姿**を見た思いがしました。

近頃は、大企業でも「オープン・イノベーション」という言葉が頻繁に使われるようになりました。競争が厳しくなる中で、「新たな事業を立ち上げなければ！」と考える企業は数多くありますが、自社だけではなくて、社外のメンバーと一緒にアイデアを考えて実現していくのが、オープン・イノベーションです。

また、ある大企業の役員から、**「社員にはもっと社外の人たちとつながってほしい」**と聞いたことがあります。

かつては、処理スピードが速い人や、上司の命令を誰よりも速く、正確にやりきる人が評価され、活躍してきました。でも今は、優秀さよりも、社内外の人たちと連携し合える力が求められているのかもしれないと感じています。

この章でお伝えしてきた、「働き方の変化」をシンプルにまとめると、**変化が激しく、正解が見えづらい世の中では、「一人勝ち」することが難しくなってきた**といえそうです。大企業でも同じように考えているからこそ、社外とのつながりを求めているのでしょう。**「自分の力だけでは生き残れないから、みんなと協力することで何とかしよう」**と考えているのです。

私たちが生きているのは、そんな時代なのです。

ちなみに、以前から「〇〇世代」という言葉がありましたよね。近頃、聞いておもしろいと思ったのが、現在の40代以上（**ウルトラマン世代**）と30代以下（**ポケモン世代**）の違いです（『インパクト・カンパニー』神田昌典著（ＰＨＰ研究所））。

「ウルトラマン世代」が見てきた「ウルトラマン」は、正義のヒーローが悪を倒す、いわゆる「勧善懲悪」のストーリー。一方、「ポケモン世代」が見てきた「ポケットモンスター」は、戦ったモンスターが仲間になります。
「勝ち負け」か、それとも「戦った相手とも仲間になる」のか――「つながる力」が求められる今、**仲間をつくるのがうまいポケモン世代のほうが結果を出しやすいのではないか**、と私は予想しています。

なぜならば、「勝ち負け」にこだわりすぎると、プライドが邪魔をして、困った時に協力を求められないことがあるからです。

でも、一人でできることには限界があります。**「助けて」と言えない人は、徐々に成果が出しづらくなる**のが、悲しい現実ではないでしょうか。

もしかしたら、既にこのようなことを感じていて、「変わらなければ！」と思っている方もいるかもしれません。

「変わりたい。だけど、どうしたらいいかわからない……」

そんな方にオススメしたいのもまた、会社以外の「居場所」をもつことです。

会社以外のコミュニティであれば、「自分の新しいキャラクター」を試すことだってできます。今いる会社で、急にキャラを変えようとすると、「どうしたの？」と思われてしまうかもしれませんが、社外であればそんな心配は無用です（ほとんどの方が、「はじめまして」の関係ですから）。

今いる場所（会社などの組織）を手放す必要はまったくありません。ただ、**少し外の世界へと足を踏み出すだけで、驚くほど広大な世界が存在していることに気づきます。**そこではきっと、**「これまでには気づけなかった自分の可能性」**に出会うはずです。

今いる場所を大切にしながら、社外にも居場所をつくり、いろんな役割・キャラクター・可能性を試してみる、そんなコミュニティ・ワーカーとしての働き方を始めると、きっと、毎日の生活は、今よりもますます楽しく幸せなものになっていくはずです。そして、気づいたら、**今いる場所（会社などの組織）が、以前よりも居心地の良いものになっていく**でしょう。

さて、そろそろ、コミュニティ・ワーカーとしての一歩を踏み出す準備はできたでしょうか？

次の章からは、少しずつ行動へと移していきましょう。

第2章

「つながる力」を武器に変える！コミュニティ・ワーカーの3つのスキル

「つながる力」を
武器にするのに、
努力はいらない。

さて、いよいよコミュニティ・ワーカーという働き方を取り入れるためのアクションを始めていきます。この章では、事例をもとに、具体的にどんなことをしていけばいいかを考えてみましょう。

コミュニティ・ワーカーにとって何よりも大切なのは、「つながる力」です。

多くの方は、きっとこれまで、「自分が〇〇をできるようになる」「自分が〇〇の知識を得る」など、主語を「自分」においたスキルアップを目指してきたのではないかと思います。

ですが、コミュニティ・ワーカーは、一人でがんばりません。必要な時に「助けて」「力を貸して」と頼って、人と協力して成果を出していきます。**主語は、「自分」ではなく、自分自身を含めた「みんな」**だ、というのが前提です。

ただ、このように書くと、

「人と協力するためには、まわりに無理やり合わせなければいけないことになりそうで、ちょっと面倒くさそう……」

「そうでなくても会社で人と合わせなくてはいけないことが多くて疲れているのに、これ以上、人間関係でわずらわしい思いはしたくない……」

このように感じる方もいるのでは？

私自身、ずっと集団行動がニガテで苦労してきたので、そうした気持ちが、とてもよくわかります。20代の頃の私は、転職をくり返して7社も渡り歩きました。転職のたびに、できあがった会社の文化に馴染もうと、空気を読んだり、会社の中でうまく立ち回っている人のキャラクター（明るかったり、お調子者だったり）をマネしたりと、さまざまな努力してきました。でも、それは本来の自分のキャラとは違います。やがて疲れ切ってしまって、その会社にいるのがしんどくなる……そんなことをくり返していました。ちなみに私は、学生時代から友だちづくりがうまくできませんでした。仲間はずれにされた経験もあり、「ありのままの振る舞いでは嫌われてしまう」という思い込みがあったので、本来の自分とは別のキャラクターを演じていたのです。

でも、今は違います。

他人とつながり、協力し合いながらも、「自分らしさ」を発揮していくのが、コミュニティ・ワーカーが大事にすることです。「みんな」に合わせて我慢するのではなく、「自分」も大切にしていきます。

なお、「人とつながる」というのは、生きていくうえで欠かせない力です。**これまでの人生の中で、おそらくほとんどの方が、「つながる力」を身につけてきたはずです。**だから、この本をとおして新しくスキルを身につけるというよりは、「つながる力」をうまく活用するために、これまでに身につけてきたスキルを見直してみる、といったほうが正しいかもしれません。

コミュニティ・ワーカーとして生きていくうえで、とくに見直したいのは、次の3つのスキルです。

- **自分を知る**
- **学ぶ**
- **チームで働く**

まずは、今、コミュニティ・ワーカーとして活躍する方々が、以前どんな悩みを抱えていたのかという事例を見ながら、何をどのように見直していけばいいかを考えていきましょう。

エピソード①

デザイナーなのに、「デザインの仕事が嫌い！」なAさん

Aさんは、広告制作のデザイナーとして働いていました。Aさんが、デザイナーというクリエイティブなスキルをもっていることを、私はもちろん、まわりの仲間たちも「うらやましい」と思っていました。だから、そんなAさんが得意とするデザインのスキルを、私たちのコミュニティのイベントなどで活かしてほしい、力を貸してほしいと思っていたのです。

でも、いざ相談をしてみると、なぜかAさんは楽しそうではありません。かといってAさんは、「私はこれがしたい」と主張することもありません。

しばらくの間、Aさんは、社外のさまざまなコミュニティに所属し、人から頼まれて、デザインの仕事をしていたのですが、自分からアイデアを出したり、提案したりすることはありませんでした。

「得意なことを活かしているはずなのに、どうしてそんなに楽しくなさそうなのか？」と疑問を抱いた私たちは、Aさんに本音を聞いてみることにしました。

すると、Aさんがまず話してくれたのは「デザインが嫌い」ということ。

私たちは驚きました。

話を聞きながら、Aさんがデザインを嫌いな理由をひも解いていくと、ある事実がわかりました。

　Aさんは、ふだん、大手衣料チェーン店のチラシ制作を請け負っている広告代理店の、さらに下請けの制作会社のデザイナーとして働いているそうなのですが、広告会社の担当者は、クライエントの指示を、いつもAさんに丸投げ状態。指示の意味がわからなくても、説明すらしてくれません。また、その割にAさんが提案をしたり、アイデアを出したりしても、聴く耳をもちません。さらに、チェーン店の担当者は、コロコロと意見が変わる方のようで、何度も方針を転換して、その都度修正し、また意見が変わって……のくり返し。昼夜問わず修正の依頼があって、それにすぐに対応しなければいけない——そんなことが続く中で、自分でアイデアを出したり、提案をしたりするのにも疲れてしまい、挙句の果てには「デザインが嫌い」と思うようになってしまいました。

　しかし、Aさんは元々、デザインの仕事が好きでした。だけど、今の取引先との仕事をする中で、自分の意見を飲み込んで、クライアントの指示を受けることに慣れてしまったので、デザインという仕事そのものに嫌気が差してしまったのです。

さて、あなたはAさんのエピソードを読んで、どのように感じたでしょうか？

Aさんがもつ「デザイン」というスキルは、一朝一夕では身につけられない、とても価値のあるものです。だから、**「デザインが嫌い」だからといって、まったく別のスキルを身につけたり、別の仕事をしたりするのは、なんだかもったいない**ような気もします。本人もそのように感じているようでした。

かといって、自分が嫌だと感じることを、今のまま続けるのはつらいことですし、居心地の悪さを感じているならば、そこは「居場所」とは呼べません。

Aさんは、どのようにして、コミュニティ・ワーカーとして、仲間とつながり、自分らしく働ける道を探っていったのでしょうか。

そのヒントを与えてくれるのが、**「自分を知る」**という視点です。

〜コミュニティ・ワーカーのスキル① 自分を知る〜

まずは、自分の「好き／嫌い」を知ろう。

第1章を読み、「会社の外に居場所をつくらなければ！」と感じてもらえたならば、著者としてはうれしいことです。かといって、何の準備もなくいきなり会社の外に出て行くことは、あまりオススメしません。その前にやっていただきたいのが、「自分を知る」ということです。

コミュニティ・ワーカーへの道をシンプルにまとめると、**会社の外に出て、今、無数に存在しているコミュニティを活用しながら、働き方をゆるくシフトさせていく**ことです。社内外のコミュニティを居場所として、仲間たちと協力し合いながら、自分らしく成果を出すことを目指します。

コミュニティ・ワーカーとして働くうえで何より大事なのは、「あなた自身」です。居場所をつくるのも、つながりをつくっていくのも、あなた自身が「主体」となって行うことです。それに、あなた自身が「好きな自分」でいられなければ、そこは心地良くいられる「居場所」にはなりませんよね。

あなたは、どんなことが好き（嫌い）で、どんなことが得意（ニガテ）ですか？
あなたは、誰といる時の自分自身が好きですか？

もちろん、今すぐに答えられなくても大丈夫です。でも、**こうした自分の「好き・嫌い」「得意・不得意」がわからないままだと、結局、いつまでたっても、今いる場所で演じているのと同じキャラクターを担うことになりかねません。**

もしも先ほどのAさんのように、今の自分に窮屈さを感じているのだとしたら、一度、会社での役割・キャラクターなどを横において、自分自身のことを振り返り、自分をより深く知ってみませんか？

「自分を知る」ことには、次の第3章で取り組んでもらいますが、大まかにいうと3つのステップで進めていきます。

【ステップ1】自分というピースの形や特性を知る

さまざまなコミュニティを見てきて、人と人とのつながりは、パズルのようなものだと思うようになりました。**みんな、得意・不得意という凸凹（デコボコ）をもっていて、うまく組み合わさった時、一人ではとてもなし得ないような成果が生まれます。**

まずは、ピースとしての自分の凸凹を知りましょう。

Aさんの場合、「デザインが好き」であり「デザインが得意」ということは、Aさんというピースの凸の部分ですよね。

【ステップ2】どういう環境で自分のピースが活かせてきたのかを知る

パズルのピースがハマる時というのは、自分の「凸凹」と周囲の人・環境の「凸凹」がマッチした時です。その時のことを、書き出してみます。

「自分らしくいられる時は？」「あの時の自分が好きだった、と感じる時は何をしていた？」などを、書き出してみましょう。

また、Aさんのように、現状がとても息苦しく感じているならば、「嫌な状況」を書き出してみるのもオススメです。書き出して見えてくる「嫌な理由」は、裏返せば、「自分らしくいるための条件」につながるはずです。

Aさんの例を書き出してみます（図7）。

みなさんも、手元のノートに、ぜひ書き出してみてください。

図7 「好き・嫌い」な出来事（Aさんの例）

≪ 好き ・ (嫌い) な出来事≫

いつ	24時間休みなく、いつでも
どこで	会社でも家でも、どこにいても
誰と	クライアントからの依頼をそのまま丸投げしてくる担当者と一緒に
何を	指示を丸投げされたデザインの仕事を
どのように	自分の意見は全く反映されない状況で、いつ終わるかわからない担当者の気まぐれに振り回されて、納期ギリギリまで

【ステップ3】 自分はどうしたいのかを知る

自分の「凸凹」という自分の形が見えてきて、どういう状況だと自分らしくいられるか、イキイキしていられるかが見えてきたら、**次は自分というピースを活かして、どんな未来を描いていきたいか**を考えていきます。

Aさんの場合、デザインという仕事は好きなので、続けたいと思っています。また、5W1Hで整理した結果、『誰と一緒にやるか？』を変えたら、楽しくなるのではないか」という仮説を立てられます。また、「HOW（どのように）」という部分も、問題がありそうです。経験も実績もあるのだから、「アイデアや提案が活かせず、指示に振り回された仕事」は、楽しくありません。このように考えると、下請けの下請け、といった主張がしづらい関係性ではなく、言いたいことが言えて、Aさんの専門性・経験を尊重してくれる依頼者からの仕事であれば、Aさんらしさが活かせそうです。

Aさんの描く未来はこんな感じでしょうか。

「『一緒に仕事がしたい』と思える人の仕事を、デザインというスキルを活かしてサポートする」

いかがでしょうか。**自分を知るということは、自分の可能性を開き、つくりたい未来を見つける手がかりをくれる**のです。

みなさんは、どんな個性をもっていますか？　また、どんな未来を描いていきますか？　第3章をとおして、さらに深堀りしてみましょう。

エピソード②

スキルアップの落とし穴にはまってしまったBさん

続いてのエピソードは、Bさん。

Bさんは20代の頃、「スキルさえあれば、独立して自由に働ける！」と思っていました。

もともと、実家が職人家系だったこともあり、親類の多くは「自分の技術」で食べている人たち。会社員として就職したけれど、「スキルを身につけておけば苦労しないだろう」と思って、社会人になったばかりの頃から、スキルアップと成長にお金と時間を投資してきました。

そんなBさんは、「人を助ける」ということにはまるで興味がありません。会社での雑談には一切参加せず、黙々と仕事をする毎日。会社の飲み会も、「時間のムダだ」と思っていました。「飲み会って仕事じゃないですよね？　だったら、帰ります」なんて言ったこともあるとか。当然、週末の行事にも興味がありません。そんな時間があるならば、資格取得の勉強をしたほうがいいと考えていました。

でも、そんなある日、Bさんは、自分よりもスキルが劣る同僚が、上司から大きな仕事を任されたり、社内でたくさんのチャンスを得たりしていることに気づきました。

一方、Bさんは、せっかく得たスキルや知識を活かせる場がなかなかやってこなかったのです。

Ｂさんは、やがて会社の中で孤立していきました。そして、会社を辞めて、自分のスキルが活かせる場を探すことに――だけど、なかなか自分らしく成果を出せる場所は見つかりませんでした。


ここで紹介したＢさん、実は私のことです。

これまでにも書いてきましたが、私は、30歳の時にとある社外のコミュニティの活動と出会うまでは、自分らしく成果を出すことができずにいました。「会社」という、自分にとってとても大きな割合を占める居場所を、居心地の良いものにできずにいたのです。

たしかに個人としての私のスキルは多少は高まっていたかもしれません。少なくとも、知識がどんどん増えていったのは事実です。

ところが、**そのスキル・知識を使う機会を、会社の中では得られなかった**のです。

今になって思えば、それは当然のことです。会社の中で、望む仕事を得たり、身につけたスキルを活かしていくためには、私にそのスキルが〝ある〟ことを、まわりから認められなくてはなりません。

しかし、社内でのコミュニケーションを極力排除していた私は、まわりから見ると「何をしている人なのか、何を考えている人なのかわからない」という状態でした。自分のスキルが高まったとしても、「あの人に任せてみよう」と信じてくれる人がいなかったのです。

せっかく学んだことを活かせないようでは、学び損ですよね。

当時の私の何がまずかったのか、もう挙げればキリがありませんが、そもそもの間違いは、**「自分が成長するための学び」しかしていなかった**ことにありました。

大人になっても学び続ける必要があるのは、もはや当然のこと。だけど、さまざまなことが激しく変わる今、目的や学び方を変えていく必要があるのです。

〜コミュニティ・ワーカーのスキル② 学ぶ〜

これからの「学び」は、つながりの中で自分を最大限活かすためのメタ・スキルになる。

「自分」というパーツを活かしていくにしても、自分というパーツをさらに磨くためにも、「学び」は欠かせません。変化が激しく、一度学んだことがすぐに陳腐化してしまう世の中を生きるうえで、何より大切になるスキルとして、「学び」が挙げられます。

ただ、ここでの学びは、**「つながり、コミュニティの中での戦略的な学び」**です。

私が考える「学び方」の変遷を、図8にまとめました。

かつての学びは、すでに完成された教科書があり、そこから学ぶことがほとんどでした。そして、学んだ結果、「学校での評価（有名校への合格など）」「会社での評価（昇進・昇格）」など、報酬がわかりやすい「資格」として与えられていました。「東大卒」といえば、「優秀なエリート」というように、世の中がその資格をどのように評価してくれるか想像しやすいというのも、かつての学びの特徴です。

しかし、「VUCA」（Volatility（変動性）／Uncertainty（不確実性）／Complexity（複雑性）／Ambiguity（曖昧性））と呼ばれる、ますます複雑で、想定外なことが次々に発生し、将来の予測が難しい現代社会では、「価値がある」とされていたもの

図8　かつての学び・これからの学び

かつての学び	これからの学び
・日常から切り離された勲章的な学び	・日常から地続きの学び
・履歴書に書いて箔がつくといわれるものや学校や会社が用意してくれるものを学ぶ	・自分で選んだことを学ぶ
・個の努力が成功のカギ	・他者とチームで学ぶことが成功のカギ
・完成された形式知を文書で学ぶ（静的）	・周囲が求めることを学ぶ
・学んだ結果得られる評価が明らか	・未完成な状況や暗黙知を学びとっていく（動的）
	・関係性の中で学んでいく
	・どんな評価が得られるかは不明確

が、すぐに陳腐化していきます。
だからこそ、**新しいタイプの学び方**が必要なのです。

これからの学びは、より複雑になっていきます。まだまだ形式知になっていないし、どんな評価が得られるかはわからないけれど、「こういうやり方が良さそう」と仮説を立てて、状況を観察しながら学んでいきます。

たとえば、お客さまから「こんなことができたらいいと思っている」という話を聞いたら、それを実現するためにはどんなことができるのかを考えて、手探りをしながら形にしていく、というイメージです。一人ではアイデアの数にも幅にも限りがあるので、チームで考えていったほうがうまくいきそうです。また、お客さまにマメにヒアリングするなど、コミュニケーションをとりながら、「ああでもない、こうでもない」と進めていくのが、これからの学び方の特徴のひとつです。

20代の頃の私の学び方は、まさに「かつての学び」でした。

私が、こうした一人よがりのスキルアップをやめて、今の働き方へとシフトするきっかけになったのは、「これからの学び」をする機会にめぐまれたことでした。**「この人のために力になりたい！」と思える方に出会って、仕事をするチャンスが得られた**ことです。

変化の激しさは、スキルアップや学びを、より難しいものにしていきます。資格や業界内での地位など、誰か遠くの第三者から評価されるまで、長々と自己研鑽やスキルアップをしている暇も余裕もないのが現実です。

それよりも、**もっと身近なつながりの中で、「この人のためにがんばりたい！」と**

思える人から、「やりたい！」「これにチャレンジしたい！」と思えることを任せてもらって、完璧ではないながらも試行錯誤しながら実践を積み重ねて、成長していくほうが効果的ではないでしょうか。その仕事や役割がうまくいけば、きっとまた「お願いします！」と依頼してもらえることでしょう。

「仕事を任せてもらえること」「スキルを試すチャンスをもらえること」は、とてもとても貴重なことです。周囲との「つながり」と、自分自身を伸ばす「成長のチャンス」の両方が得られるからです。

身近なところから始まる半径5メートルの範囲での学びこそ、これからの学びなのです。

具体的にどんなことをしていけばいいかは、第4章で詳しく考えてみましょう。

エピソード③

チームで働くことで思わぬチャンスを得たHさん

さて、3つめのエピソードです。最初の2つとは違って、うまくいった事例です。

Hさんは、人と話をするのがあまり得意ではなく、3人以上で会話をすると、基本的にほとんど話しません。良くいえば「聞き上手」、悪くいえば「存在感がうすい」タイプです。そのため、学生時代も社会人になってからも、目立つことはありませんでした。それどころか、会社では、そのおとなしさが災いして、「意欲がない人」と思われ、あまり評価されていませんでした。

そういう職場は、居心地が良いものではありません。Hさんは転職をしたり、時にはアルバイトになったりと、ひとつの職場に長く勤めることはありませんでした。

そんな不遇が続く中、Hさんは、ある会社員向けの朝活イベントに参加し続けていました。会社とは違って、何か主体的なアクションを求められないことが心地良くてずっと参加していたそうですが、回を重ねるごとに顔なじみや仲が良い方も増えていきました。

相手を急かすことなく、じっくりと話を聞くことのできるHさんは、朝活イベントで、とても大事な役割を果たすようになります。たとえば、聞いた話を議事録としてまとめる役割を担ったり、優しく気遣いのできる性格から受付のサポートを依頼されたりするようになっていきました。

また、朝活に参加するようになって二年目になった頃、相手の話にじっくりと耳を傾けられるHさんは、相手の良いところに目を向けられるようになっていました。そして、そんなHさんが気づいた「その人の良さ」を引き出して、「こんなテーマで講師ができるんじゃないですか？」と、朝活で講師デビューする人のプロデュースができるようになっていきました。日頃から、参加メンバーのことをよく見ていたので、どんなイベントが期待されているかがわかっていたというのも、Hさんの強みでした。

さらに、Hさんが朝活に参加し始めて三年目になる頃には、朝活をとおして講師デビューをした人のイベントの告知記事を書いたり、募集ページをつくったりするライターの仕事を得ていきました。やがてライターの仕事が忙しくなって、アルバイトを辞めて専念するようになったそうです。

口下手なことがずっとコンプレックスだったHさんですが、口下手だったからこそ相手の話をじっくり聞き、良いところを引き出すライターとして独立することになったのです。

とはいえ、独立はしたものの、営業が得意ではありません。最初こそ、「大丈夫かな」と少しだけ心配をしていましたが、三年も一緒に学んできた朝活イベントの仲間たちからの紹介が途切れないようです。

紹介料を支払ってもらうようなビジネスライクな付き合いではなく、ほんとうにHさんをよく知っている人からのものなので、Hさんの性格に合う人ばかりの仕事である様子。**Hさんらしさを活かしながら、仲間の力を借りて、少しずつ仕事の幅を広げていっている姿**は、まさにコミュニティ・ワーカーの鏡ではないかと思っています。

~コミュニティ・ワーカーのスキル③　チームで働く~

自分の可能性は、自分だけでは気づけない。

さて、Hさんのエピソードを読み、どのように感じたでしょうか？

Hさんのキャリアは、間違いなく、Hさん自身が計画したものではありません。**Hさんにとっての居場所だった「朝活」というコミュニティの中で、自分らしさを活かしながら、自分ができるかたちで貢献していった結果、もたらされたもの**でした。

キャリアを含めてですが、「目標を立てることが大事だ」とよくいわれたりしますが、目標を自分で立てることって、結構難しいものです。

なぜならば、**「自分の可能性」を自分で見出すのは難しい**から。**自分のことって、よくわかっているようで、意外とわかっていない**のです。とくに、自己肯定感があまり高くなかったり、自分に自信がなかったりすると、自分を過小評価してしまいがちです。

実際に私自身、かつて会社の中だけで仕事をしていた頃には、自分の良さや可能性に今よりも気づけていませんでした。

でも、社外コミュニティでの活動をとおして、「応援したい！」という一心でいろいろな仕事を引き受けていく中で、**「私ってこんなこともできるんだ」という思わぬ**

図9　チームの力が「Can」の拡張を生む

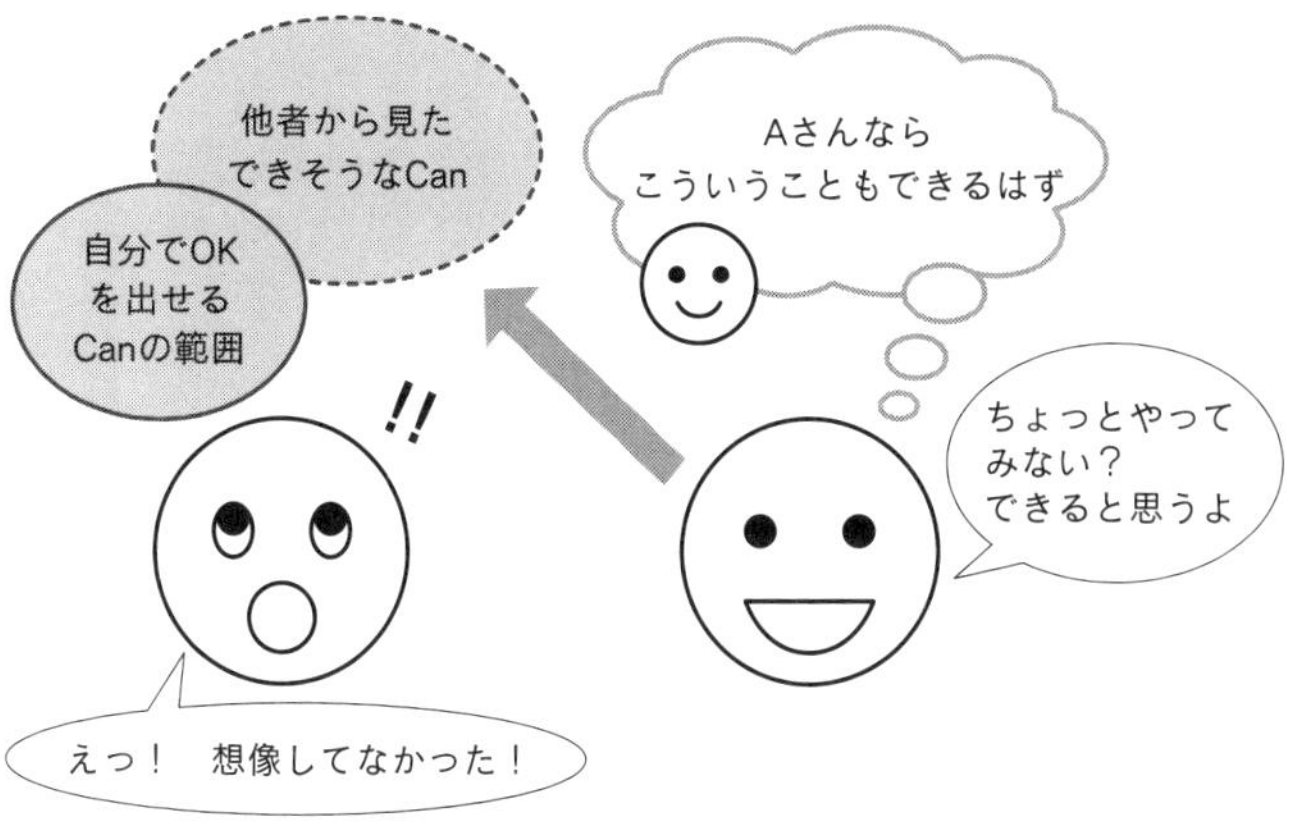
他者から見た
できそうなCan
自分でOK
を出せる
Canの範囲
Aさんなら
こういうこともできるはず
!!
ちょっとやって
みない？
できると思うよ
えっ！　想像してなかった！

発見があったりしました。

その後も、思わぬチャンスをくれたり、成長のきっかけをくれたりしたのは、私のことをよく知っているまわりの人でした。私のキャラクターや興味、立ち居振る舞いを見て、「この仕事が向いているかもしれない」「この仕事に挑戦したらもっと良いことが起こるかもしれない」と、**自分では想像できなかったような、「Can（できること）」の拡張**が起こっていくのです。

「つながり」つまり、「チーム」の中で働くということは、自分の力を何倍にも高めてくれる可能性がありますし、それは一緒に働くメンバーにとっても同じことなのです。こうして、**お互いに成長し合っていく**ことが、**「みんなで勝つ」というコミュニティ・ワーカーの勝ちパターン**なのです。

チームで働くうえでは、「一人で勝つ」から「みんなで勝つ」への意識の転換のほか、いくつかコツがあります。

具体的にどんなことをすればいいのか、第5章で詳しく考えていきましょう。

第3章

コミュニティ・ワーカーのスキル①
自分を知る

自分を活かすために、
自分という
パズルのピースの
形を知ろう。

さて、ここからは、いよいよ自分を知るための時間をとっていきます。

とても大切なことなのですが、いきなりマジメに取り組むと、ちょっと疲れてしまうのも事実。そこで、まずは、手軽にできる診断ツールを使うことをオススメします。ツールを利用しながら自分というピースの形（凸凹）を確認していきましょう。

人には誰でも、得意なこと（凸）とニガテなこと（凹）があります。**自分の得意／不得意を確認していくと、ニガテなところ（凹）は他人に補ってもらう部分（他人の得意を活かすところ）、得意なところ（凸）は、誰かのニガテをカバーできるところ**だということが見えてきます。コミュニティ・ワーカーとして、他者とつながり、チームの中で働くために、自分の凸凹の形を知ることは、とても大切なのです。

以下では、私が使っているツールを2つご紹介しますね。

【ツール①　ストレングス・ファインダー®】

アメリカのギャラップ社が提供している世界的に有名な強み診断ツールです。

『さあ、才能（自分）に目覚めよう』（日本経済新聞出版社）という本についている「ID」をサイト上で入力することで、診断を受けられます。

図10　ストレングス・ファインダー®（例：著者の場合）

1	**個別化**	一人ひとりの個性、違いに目を向けられる
2	**着想**	新しいアイデアをひらめく力に長けている
3	**最上志向**	何事でもより良いものを目指して向上しようとする
4	**戦略性**	戦略的な思考に長けている
5	**自己確信**	自分の判断軸を強くもっている

34の資質の中から、自分の上位5位の資質を知ることができます。

日本でもかなり広まったものなので、診断を受けたことがある人が多いというのが何よりのメリットです。また、本を買えば誰でも受けられるので、とても気軽に使えます。

自分自身にどんな資質があるのかを知るとともに、他の人と分析結果を共有し合うこともオススメ。ちなみに、34ある資質のうち、上位5つがすべて同じになる確率は、なんと27万分の1以下。他の人の分析結果を見るだけで、**「みんなピースの形が違うんだ」**とあらためて実感できるでしょう。

ちなみに、私の特性は図10のとおり。詳しい解説はぜひ書籍をお読みください。

【ツール② ウェルスダイナミクス】

もうひとつご紹介したいのが、「ウェルスダイナミクス」という診断です。これは、**仕事を一緒に行うチームをつくるうえで、とくに役に立ちます。**

簡易診断もありますが、詳細な診断は13000円で受けられます。

ウエルスダイナミクス　https://jwda.org/

なお、2019年時点での私の診断結果は、ざっくりといえば、「クリエイター」。「ゼロから物事をつくり出していく才能がある」というものでした。

なお、有料版だと70ページもの解説がついてきます。自分が活躍できる環境、自分に適した役割、向いていない役割など、なかなか納得のいくものでした。

チームとして継続的に仕事をしていく時、自分にはあまり向いていない資質が得意な人を仲間に引き入れることで、ニガテなことをカバーしてもらえるようになるなど、とても役に立っています。

こうした診断を受ける前までは、自分と似たタイプの人ばかりを高く評価する傾向がありました。でも、さまざまな診断を受けると、「自分は偏っている」ということが、とてもよくわかります（私だけではなくて、みんな偏っているのですが）。チームで仕事をする時は、**自分とはまったく違うタイプの人がいると、仕事が進めやすくなる**のです。自分ができることとできないことを見極めて、得意な人に任せられるようになるからです。

こうした診断は、いくつか受けてみることがオススメです。いくつかの診断結果をもとに、「自分ってこういう人なのかなぁ」と**自分の考え方や性質を表現するための言葉を仕入れる**ことを目指します。

こうした診断の力を借りながら、日々の記録や日記を振り返って「これは確からしい」「この結果は少し違うかもしれない」など、自分自身の行動を検証をしていくと、よりはっきりと、自分というパズルピースの形が見えてくるでしょう。

今の自分を知る
手がかりは、
過去の出来事の中にある。

続いては、第1章でもご紹介した平野啓一郎さんの『私とは何か』で紹介されている**「分人主義」**を応用してみます。

ちなみに、私が、この本を読んだのは、会社の人間関係がうまくいかずに悩んでいた頃でした。困っていても素直に「助けて」と言うことができない。そんな自分の心の狭さ、性格の悪さに自己嫌悪して、ますます自分が嫌になる。そして、ますます「助けて」と言えなくなる……そんな負のスパイラルにいた時、本の中のこの言葉に救われました。

「なぜ人は、ある人とは長く一緒にいたいと願い、別の人とはあまり会いたくないと思うのだろう？　相手が好きだったり、嫌いだったりするからか？　それもあるだろう。しかし、実際は、その相手といる時の自分（＝分人）が好きか、嫌いか、ということが大きい。」

（『私とは何か　「個人」から「分人」へ』平野啓一郎著、講談社現代新書）

この考え方を知ってから、**「自分のいけないところを直そう」とするのではなく、**

「好きな自分でいられる場所を探そう」と考えるようになりました。そして、**「誰と一緒にいる時の自分が、一番自分らしくいられるか」**を振り返ってみたのです。それが、自分らしさを活かす働き方へとつながっていきました。

自分らしさを押し殺すことなく心地よくいられる場所を、必ず誰もがもっています。

ここから先は、順を追ってワークに取り組みながら、どんな時の、誰といた時の自分が一番自分らしくいられたかを考えてみましょう。

【ステップ1：人生年表を描く】

まずは、次のページの人生年表をつくります。

人生年表とは、これまでの人生の満足度を1本の線で描いたものです。

横軸は時間（年齢）で、縦軸は満足度。「○歳の時に○○な出来事があって、とてもうれしかった」「○歳の時に経験した○○な出来事は、とてもしんどかった」など、これまでの人生を振り返ってみて、自分のアップ・ダウンを表現してみるのです。

少し時間がかかるかもしれませんが、これまでの振り返りとして、時間をとって描いてみましょう。

図11　人生年表を描こう

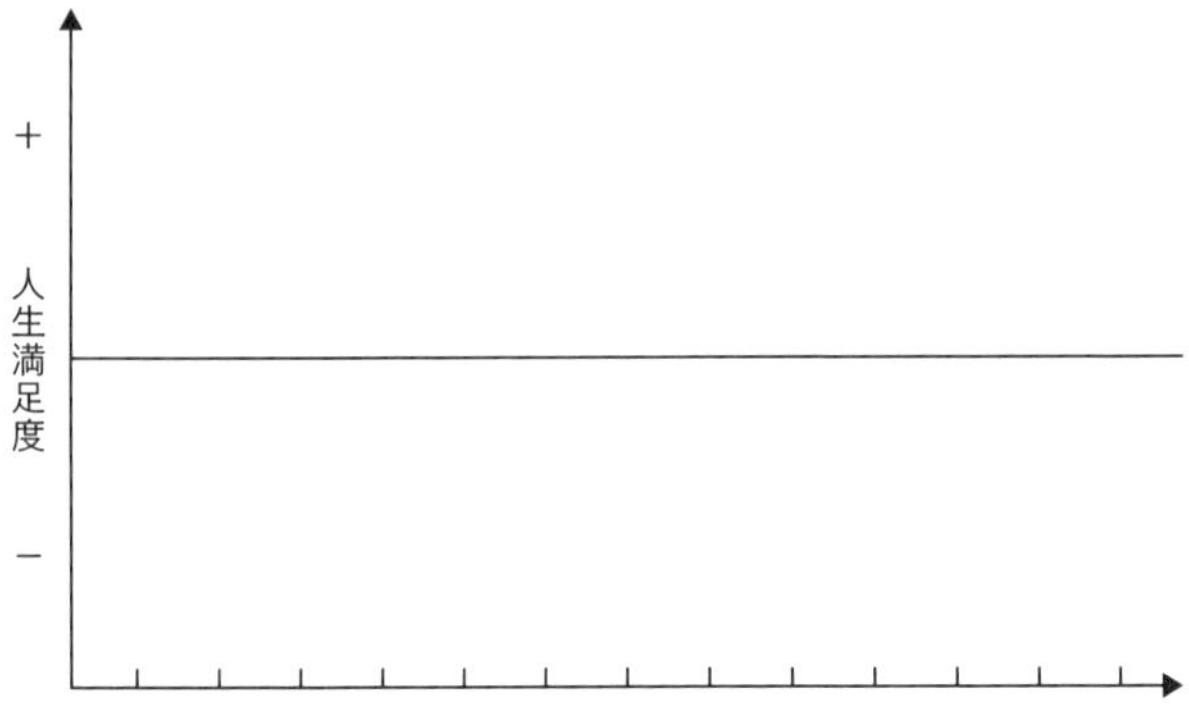

（記入例）中里桃子の人生年表

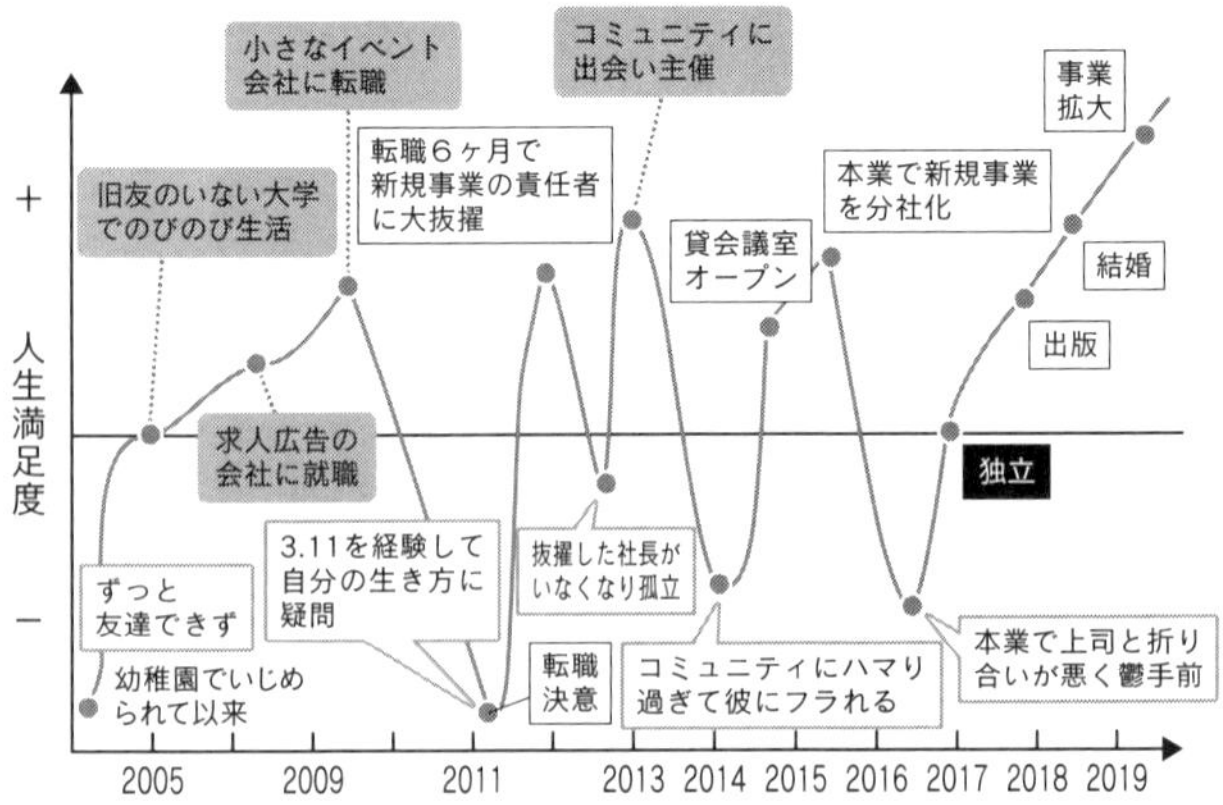

【ステップ２：印象的な出来事をピックアップする】

年表が描き終わったら、ラインが上を推移している時期を中心に、**「うまくいったこと」「とても楽しかったこと」**を、３～５つピックアップします。

図11で作成した年表に丸をつけてみましょう。

ポイントは、**自分の感覚にしたがって決める**こと。正解があるわけではないので、自分が「うまくいった」「楽しかった」と感じたものを思い出してみましょう。

【ステップ３：その時の状況を詳しく振り返ってみる】

ステップ２でピックアップした３～５つの出来事について、詳しく振り返ってみます。ここで使うのは、66ページでも使ったフレームワークです。これにしたがって、当時の状況を詳しく思い出してみましょう。

【ステップ４：その状況の共通事項を抜き出す】

ステップ３では、３～５つの出来事について振り返っていただきました。こうした

図12　満足度の高い時の自分を深堀りしよう

いつ （何歳ころ）	
どこで	
誰と	
何を	
どのように	

楽しかったこと、うまくいったことが、これから先の未来でもたくさん起こるようにしたいですよね。今までにうまくいったこと、楽しかったことのうち、活かせるものはどんどん活かしていきましょう。とくに、**「誰と」「何を」「どのように」**について、自分が書いたことを見比べてみてください。この部分に、これから先、活かしていけそうな、あなたの特徴があるはずです。

たとえば、私の場合は、次のような共通点が見つかりました。

・新規事業の立ち上げの計画をすべてゼロから立てることが楽しかった
・読書会の主催メンバーになって、広報の企画や販促物をゼロからつくるのが楽しかった

共通点を、**「誰と」「何を」「どのように」**という視点で整理してみます。

誰と…………多少の逆境はあっても、自分のことを応援してくれる人が一人でもいるとがんばれた

何を…………決められたことを実行するよりも、そのやり方を自分で考えたり、新しいことに挑戦したりするのが好きだった

どのように…自分で何をするかを決められる裁量権のある状態の時に、力を発揮していた

自分がどんな環境だと居心地が良く感じられて、力を発揮できるのかが見えてくるのではないでしょうか。傾向が見えてきたら、次は、自分がそういう状況がつくれるように働きかけていけばいいのです。

いかがでしょうか？　少し自分のことが見えてきたのではないでしょうか。

郵　便　は　が　き

料金受取人払郵便

日本橋局
承　　認

1301

差出有効期間
2021年5月31日
まで

103-8790

011

東京都中央区日本橋2-7-1
東京日本橋タワー9階

㈱日本能率協会マネジメントセンター
出版事業本部 行

フリガナ		性　別	男 ・ 女
氏　名		年　齢	歳
住　所	〒 TEL　（　　）		
e-mail アドレス			
職業または学校名			

ご記入いただいた個人情報およびアンケートの内容につきましては、厳正な管理のもとでお取り扱いし、企画の参考や弊社サービスに関する情報のお知らせのみに使用するものです。詳しくは弊社のプライバシーポリシー（http://www.jmam.co.jp/about/privacy_policy.html）をご確認ください。

アンケート

ご購読ありがとうございます。以下にご記入いただいた内容は今後の出版企画の参考にさせていただきたく存じます。なお、ご返信いただいた方の中から毎月抽選で10名の方に粗品を差し上げます。

● 書籍名

● 本書をご購入した書店名

● 本書についてのご感想やご意見をお聞かせください。

● 本にしたら良いと思うテーマを教えてください。

● 本を書いてもらいたい人を教えてください。

★読者様のお声は、新聞・雑誌・広告・ホームページ等で匿名にて掲載させていただく場合がございます。ご了承ください。

ご協力ありがとうございました。

最強のスキルアップツール
毎日3分の
日記を始めよう。

この章で行っているような、自分自身を知る力を、**自己認識力**といいます。自己認識力が高まると、自分自身の「好き／嫌い」に敏感になっていきます。

自分の「好き／嫌い」に敏感になることが、自分らしくいられる居場所をつくる第一歩。そのためにも、毎日の生活の中で、「心が動く感覚」に目を向けるようにしましょう。

こうした自分を理解する自己認識力は、スタンフォード大学で、「リーダーの必須要素」といわれるほど大切なものだったりもします。また、自分を理解する力が高まると、ふしぎと一緒にいる相手やチームメンバーへの観察力も高まります。これは、チームで働く時に、とても役に立つものです。

ここでは、少し長期的なワークですが、ぜひやってほしいこととして強くオススメしたいことがあります。それは、**「日記」**です。

私は、就職してから15年間、日記を書き続けているのですが、取り組み方のコツさえ知れば、無理なく自分を振り返ることができるようになります。

2つ方法をご紹介するので、好みのものを取り入れてみてください。

【方法①　PDCAを記録する】

まずは、P（予定）D（結果）C（結果に対する感情・解釈）A（それを踏まえて次どうするか）の4つを記録する方法です。

これらの4つをセットで書き出すというのが、ポイントです。そうすることで、時間の使い方とその結果（感情的、物理的なリターン）を振り返ることができます。

今、私は、『『超』結果手帳」という、毎日見開き2ページのフォーマットのついているものを使っています。

参考：「超」結果手帳　https://pdca.thebase.in/

こちらはとてもオススメなのですが、この手帳以外でも、たとえば、市販のノートを縦に四分割することで、同じような効果を得ることができます。

ノートの例は、次のページを参照してください。

図13　PDCA日記 記入例

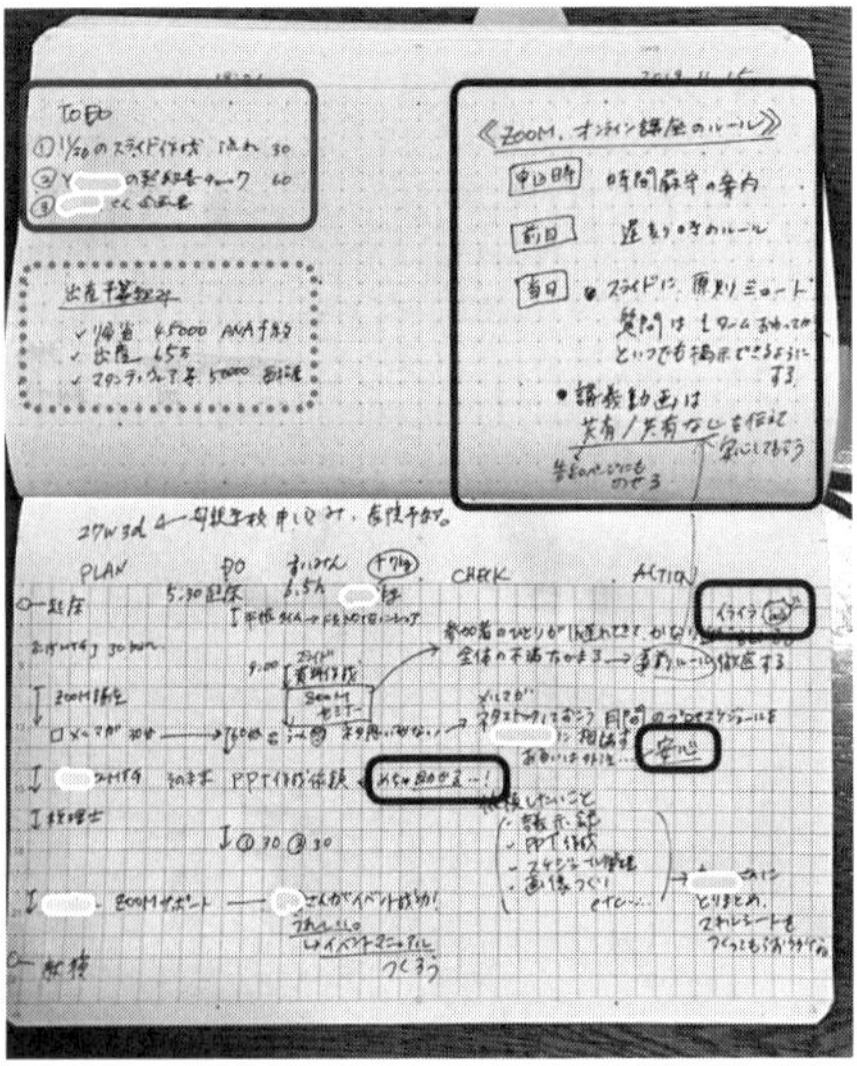

＊PDCA日記して使っている『「超」結果手帳』
https://pdca.thebase.in/

上半分

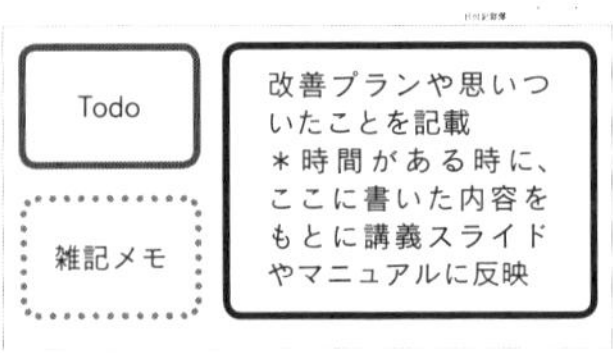
Todo
雑記メモ
改善プランや思いついたことを記載
＊時間がある時に、ここに書いた内容をもとに講義スライドやマニュアルに反映

下半分

Plan
Do
Check
Action
6:00
7:00
8:00
9:00
10:00
11:00
12:00
13:00
14:00
15:00
16:00
17:00
18:00
19:00
20:00
21:00
22:00
23:00
24:00

Plan…朝、予定を記入する
Do…実際に行った時間などを記入する
Check…その日の終わりに振り返って記入する（感情など）
Action…「次回はこうしよう」という改善案を記入する

【方法② 感情日記】

私は、日記を時系列で記入していることが多いのですが、どうしても忙しい時は、ひとつだけ、**その日一番印象に残った出来事と、その時の感情**を記録するようにしています。

私は図13「PDCA日記」の「Check」欄に感情をメモするようにしています。ただ、いきなり同時並行で記録するよりも、まずは「感情の動き」に注目して、深堀りしてみることをオススメします。

「感情日記」の良い点を「短期的な視点」と「長期的な視点」でまとめます。

短期的な視点

・書き出すことで、自分の気持ちを落ち着いて客観的に見ることができるようになる
・ストレートに感情を伝えてしまい、意図せず悪い印象を与えている、などといった、事態の悪化を防ぐことができる
・何がうれしかったかに気づくことで、同じような状況をまたつくり出して、くり返

せるようになる

長期的な視点

・自分の感情の裏にある「本音」や「信念」を見つけることができる
・どんな感情（心の状態）の時はうまくいって、どんな時はうまくいかないのかという自分のパターンが見えるようになる

デジタル・ツールも便利ですが、アナログで「書く」ことにはメリットしかない、と感じています。なお、私もデジタル・ツールは併用しています。

より詳しく「書く」ことの効能について知りたい方は、『こころが片づく「書く」習慣』（古川武士著、日本実業出版社）をご覧ください。

図14　感情日記　記入例

PDCAノートにしっかりと書き込むほど時間の余裕がない時などは、ウィークリー手帳の空欄にメモしています。

点線の中には、「そこから考えたこと」「今後どうしていきたいか」を書きます。
＊土日は何も書かなかったり、使わなかったりすることもあります。

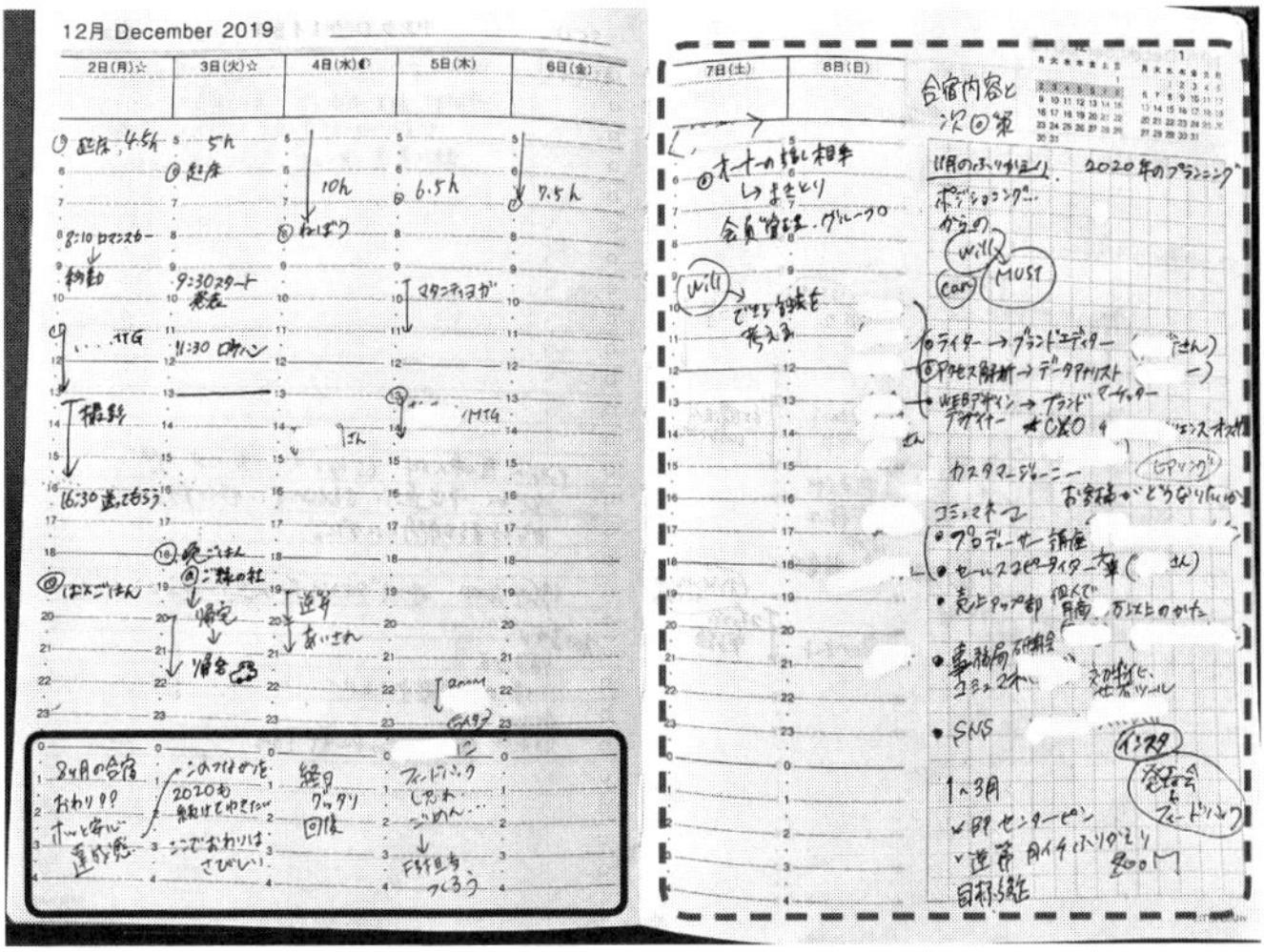

24時を超えた真夜中のスペースにその日の感情を一行だけ書いています。

＊「CITTA手帳」を利用
https://citta-techo.com/

「やりたいこと」は
探さなくてもいい。
「応援したい人」を探そう。

さて、自分というパズルのピースの形を知って、どういう状況で自分がイキイキできるかが見えてきたら、次はそんな**自分の強み・特長を使って、「何をしていくか」**という未来を考えるフェーズです。しかし、ここでやってはいけないのが、「さあ、これから何をやっていきますか?」という自問です。

……私は自分の講座を行う中で、何度もこう質問しては、受講生のみなさんを困らせてきました。**残念ながら私たちは、「~をやりたい」と主体的に思うことに慣れていません。**教育や日本という社会の性質などが影響しているのかもしれませんが、ここでは原因について深追いしないことにします。ただ、**「やりたい」と思えることが思いつかなくても決して悪いことではない**、ということは忘れないでください。あなたが悪い、というわけではないのです。

実際に、「自分ドリブン」(自分の「~したい」という想い)で努力を続けられる人は、ごくわずかです。感覚値ですが、多くて2~3割くらいでは?

だから、**ムリに自分ドリブンでがんばらなくてもいい**のです。

ムリをせずに、まず自分が応援したい相手を見つけます。そして、相手の「~したい」と思っていることを、応援する。たったこれだけでいいのです。

「自分が応援したいと思う○○さんを喜ばせるためにがんばる」

これも立派な「〜をやりたい」というモチベーションになり得るものです。

第1章でご紹介した、「Will」「Can」「Must」の図を見ながら、もう少し詳しく考えてみます。

これまでは、図15のように、「Will」「Can」「Must」3つを自分で何とかすることが大事だと考えられていましたが、この3つを一人で完結させなければならない、というのは、絶対に守らなければいけないルールではありません。

変化が大きく、個人だけでなく、チームとしての「Can」をどんどん増やしていかなければいけない世の中だからこそ、自分一人の「Will」に頼らず、自分が心から応援したいと思える他者の「Will」の力を借りたほうが、じつは合理的だったりもします。一人で学びのモチベーションを維持するのは、ほんとうに大変なことですから。

それに、「Can」自体、一人ですべて何とかしなければいけないわけではない、というのは、これまでもお伝えしたとおりです。凸凹を活かし合ったほうが、より大きな力を生み出していけるのです。

図15　かつての「Will」「Can」「Must」

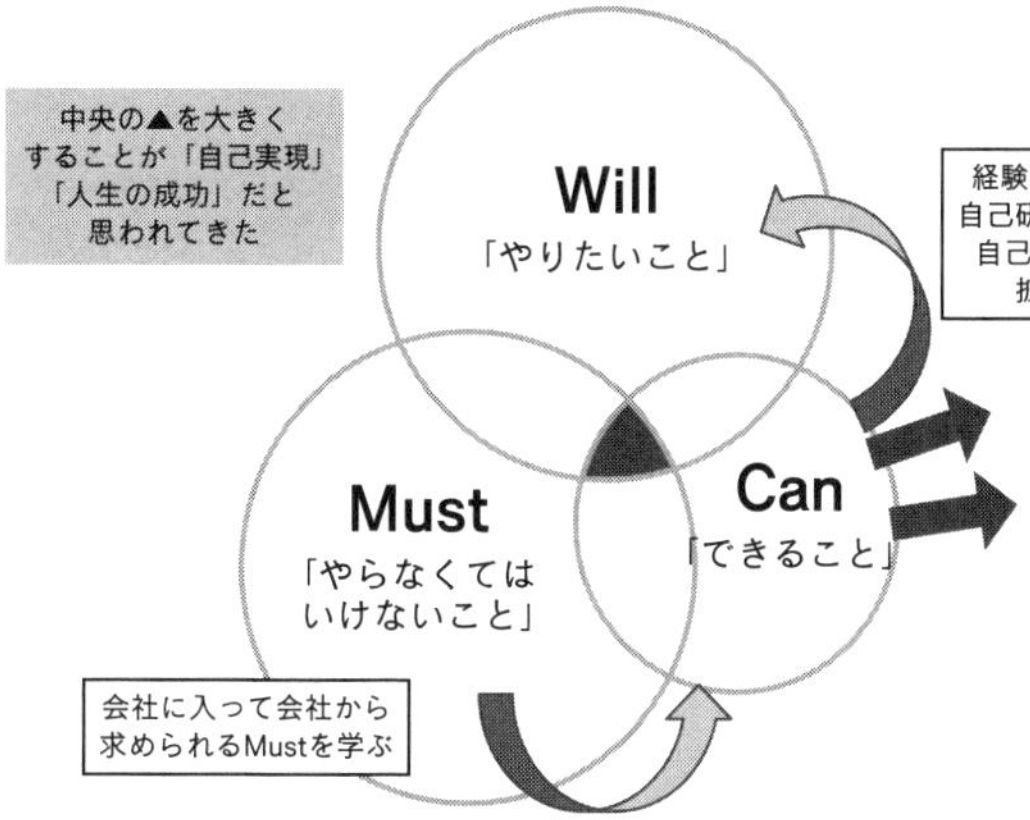
中央の▲を大きくすることが「自己実現」「人生の成功」だと思われてきた
Will
「やりたいこと」
経験を積んで自己研鑽をして自己のCanを拡げる
Must
「やらなくてはいけないこと」
Can
「できること」
会社に入って会社から求められるMustを学ぶ

図16　これからの「Will」「Can」「Must」

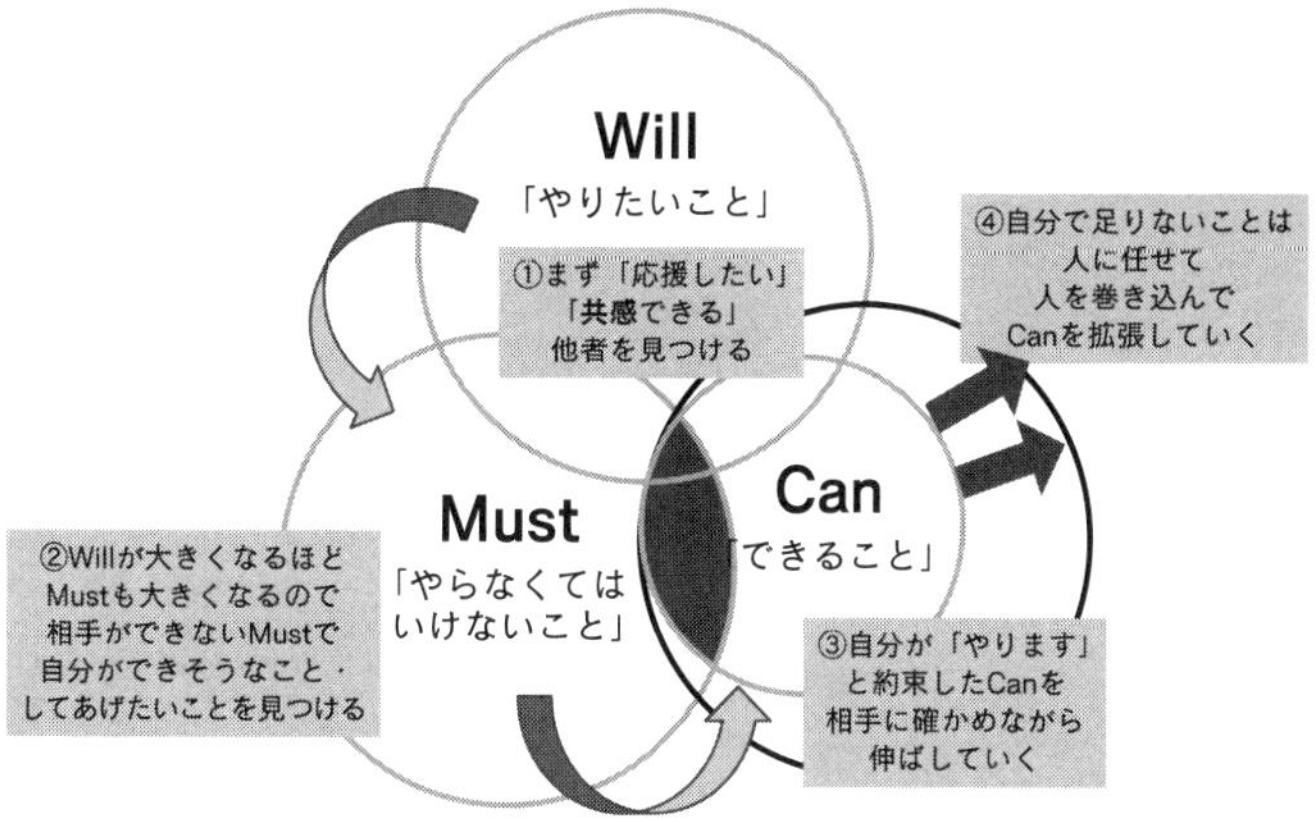
Will
「やりたいこと」
①まず「応援したい」「共感できる」他者を見つける
④自分で足りないことは人に任せて人を巻き込んでCanを拡張していく
Must
「やらなくてはいけないこと」
Can
「できること」
②Willが大きくなるほどMustも大きくなるので相手ができないMustで自分ができそうなこと・してあげたいことを見つける
③自分が「やります」と約束したCanを相手に確かめながら伸ばしていく

これらの要素に心もとない部分をもつ人が、私のもとに学びに来られます。そんな「Can」や「Will」が少ない人でも、「喜ばせたい相手」を見つけると、どんどん成長していきます。会社ではいまいち輝いていなかった方でも、です。その要因は、**「誰と一緒にいる自分が一番心地良いのか」を知ることが、モチベーション、そして人生の喜びにつながっている**からではないでしょうか。

会社の上司や会社で与えられる役割は、ある意味ではクジ引きのようなもの。自分で選んだわけではないケースがほとんどです。おそらくですが、上司を喜ばせることが一番心地良いと感じる方は、ここでいう「応援したい人」を社内で見つけられた方です。すでに会社で評価されているはずなので、おそらくこの本を手に取っていないのではないかと思います。

もし会社での自分のポジションに、少しでも違和感を抱いているのだとしたら、会社や家族など、すでに役割が決まっている場所以外のところで、「応援したい人」「喜ばせたい人」を見つけてみてはいかがでしょうか。そして、ほんの少しでもいいから、実際に応援することに、自分の時間を使ってみることをオススメします。

子どもの頃は、とても素直に「〇〇ちゃんが好き」「〇〇ちゃんと一緒にいたい」

と話していたはずです。その頃の感覚を、ほんの少しだけでも取り戻してみませんか？　図17の手順で、自分の心に素直になって、一歩踏み出してみましょう。
すると、今までは気づけなかったような自分の可能性がひらかれるはずですよ。

図17　応援したい人を探そう

ステップ1
「Will」を聞いて「応援したい！」と共感できる人を探す

↓

ステップ2
応援したい人がやらなければいけないこと（Must）の中から、自分ができそうなことを「やります」と申し出る（今、完璧にできることでなくてもOK）

↓

ステップ3
ステップ２で約束したことについて、勉強しながら深めていく（Canを広げる）（詳しくは第４章）

↓

ステップ4
さらに先に進むには、自分では足りない部分は、別の方を巻き込んで進める

第4章

コミュニティ・ワーカーのスキル②学ぶ

「自分のための学びから、
「誰かのための学びへ。

さて、次はコミュニティ・ワーカーにとって欠かせない「学び」を考えていきます。学びが大事だ、ということは、もう耳にたこができるくらい聞いていると思うので、詳しくは書きません。あと、もし、「自分がスキルアップするため」「自分の市場価値を高めるため」の学びを知りたい方は、数多くある「独学法」をまとめた本を読むことをオススメします。ここでご紹介するのは、**自分のためではなくて、「誰かのため」の学び**です。**相手に喜んでもらえたり、新しいつながりをつくったり、居場所づくりに直結する学び**をご紹介していきます。

根が勉強好きな私は、「時間さえあれば、あれもこれも学びたい」と思っています。だけど、「学びたい」と思っても、モチベーションを維持するのは難しいもの。だったらむしろ、**続けたくなる学び**をしてみませんか?

続けたくなる学びとは、「達成感」が得やすい学び。わかりやすい達成感というのは、やはり誰かに認めてもらえることです。あなたが「応援したい」と感じる人から認めてもらえるような学びだったら、なおさら続けたくなるのでは? 「応援したい人」が社外の人だと、会社の外に居場所をつくるうえでも効果的です。

学びのエンジンになる応援したい人と出会うためには、無数にある社外のコミュニティを活用するのがもっとも手っ取り早い方法でしょう。

以下では、自分に合ったコミュニティの見つけ方を簡単にご紹介します。

まずは、図18をご覧ください。

「自分が人と信頼関係を築くのにどのくらい時間がかかるか？」によって、参加するコミュニティのタイプを考えてみます。あなたはどのタイプでしょうか？

そのほかのポイントをまとめます。

・友だちづくりに苦手意識があるなら、３ヶ月以上の連続講座に参加をする

単発のイベントだと、「今日限りでもう会わない人」がほとんどですが、連続講座の場合は、「次も会うこと」が前提となるため、自己紹介をしたり、グループワークをしたり、つながりをつくりやすくなります。

・良質なコミュニティを選んで参加する

興味をもった本の著者が行うものや、検索サイトで出てきたものなど、世の中にはたくさんの学習コミュニティがあります。学習の場というと、スクール形式（講師が

図18　自分に合ったコミュニティの見つけ方

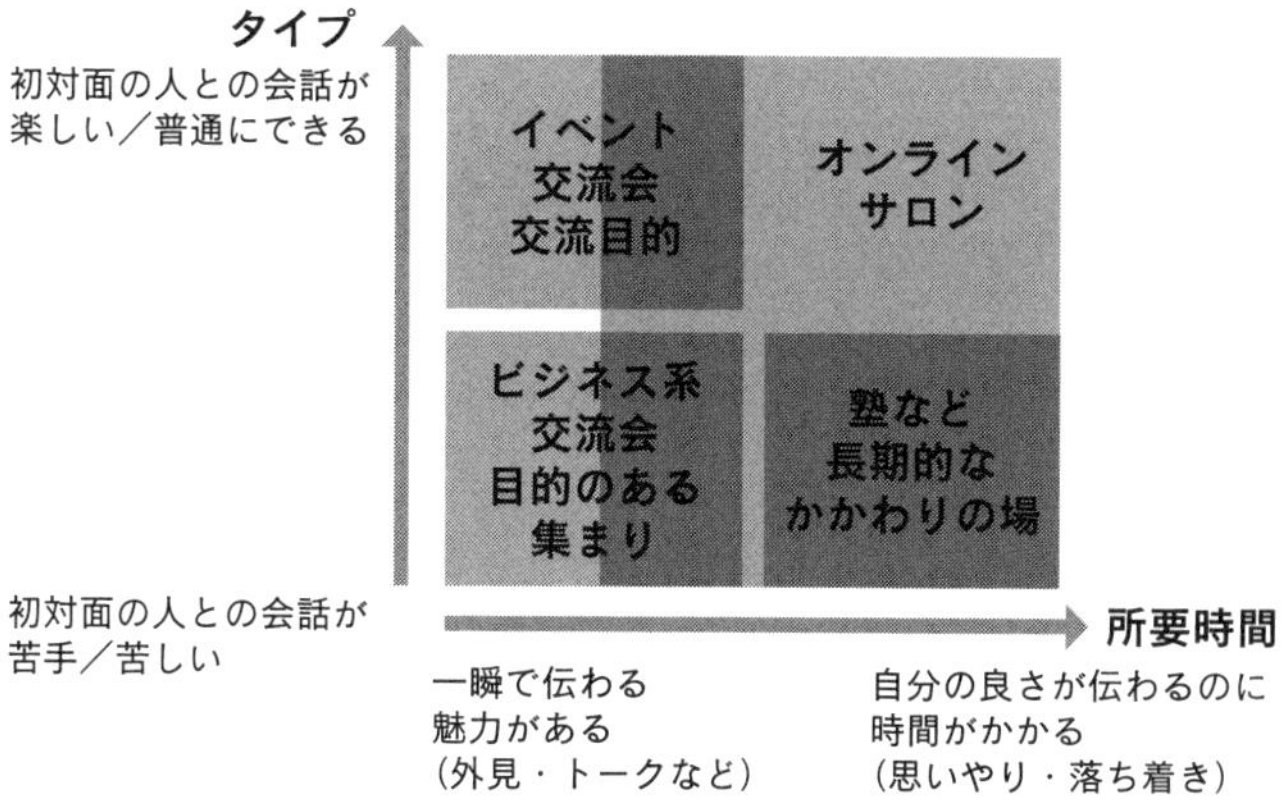
タイプ
初対面の人との会話が
楽しい／普通にできる
イベント
交流会
交流目的
オンライン
サロン
ビジネス系
交流会
目的のある
集まり
塾など
長期的な
かかわりの場
初対面の人との会話が
苦手／苦しい
所要時間
一瞬で伝わる
魅力がある
（外見・トークなど）
自分の良さが伝わるのに
時間がかかる
（思いやり・落ち着き）

（参考：『オンラインサロン超活用術』中里桃子著、PHP研究所）

教えてくれる形式）によるものが多いのですが、中身は玉石混交。良質なコミュニティに出会うことは、「応援したい」と思える方と出会うためにも大事なことですよね。自分に合った良質なコミュニティを選ぶために、**「参加者の声」**に注目します。イベントページに掲載されていることもありますし、SNSやブログなどを検索すると投稿している方を見つけることができるかもしれません。

また、**気に入った場所を見つけたら頻繁に参加するようにしてみましょう。**一度参加して終わりではなく、続けて参加することで、つながりがつくりやすくなります。コミュニティの中心となる方（著者のイベントであれば著者）はもちろんのこと、そのまわりのいる方とも、もっと会いたいを思えるような場所が、今のあなたにとって居場所になる可能性が高いコミュニティです。

そんな場所を見つけたら、「応援したい」と思える人と、できるだけ長い時間、ともに過ごすようにしましょう。

もちろん、途中で居心地の悪さを感じるようになったら、ムリに続ける必要はありません。**心地良くいられるかどうかを、何より大切にしましょう。**

「応援したい人」を
きっかけにして、
新しい役割を
試してみよう。

図19　学びのテーマの探し方

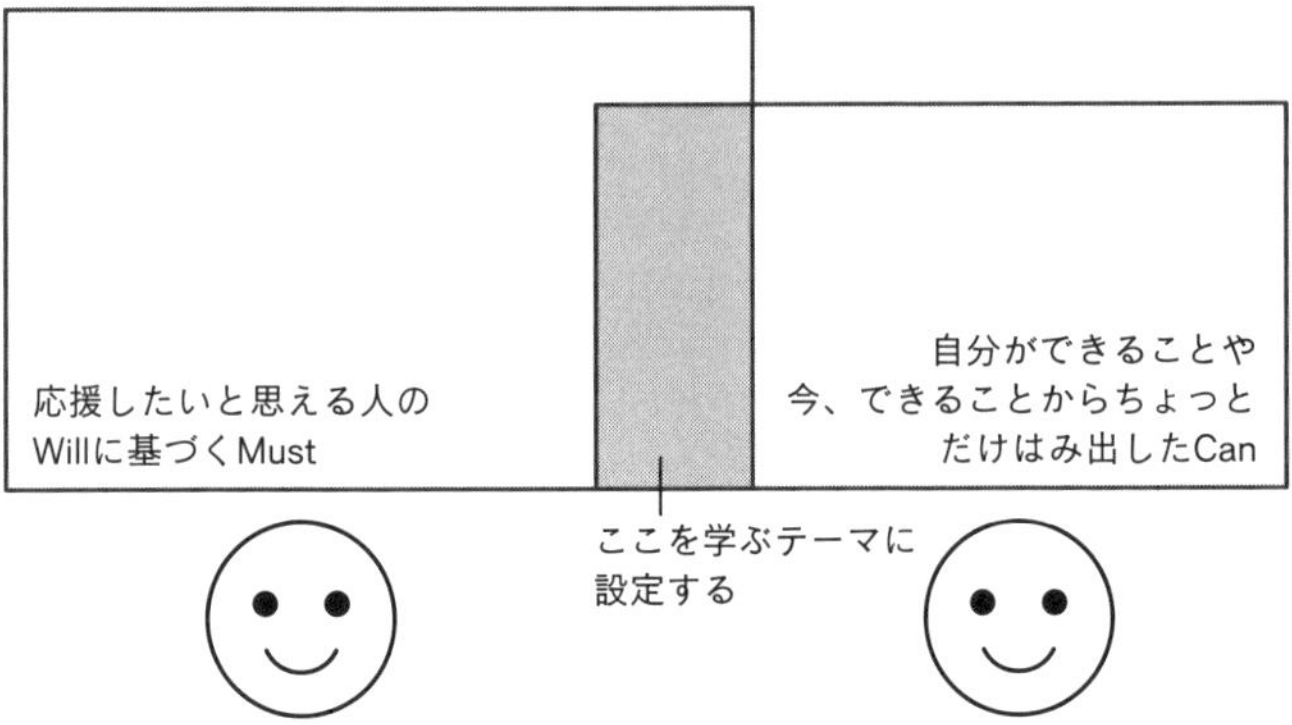
応援したいと思える人の
Willに基づくMust
自分ができることや
今、できることからちょっと
だけはみ出したCan
ここを学ぶテーマに
設定する

つながりたいと思える社外のコミュニティが見つかったら、次は少しずつ「他者のための学び」を始めます。

「他者のための学び」のきっかけとして、会社以外の場所で、あなたが応援したい人が「やりたい」と思っていることと、あなたの「Ｃａｎ」が重なる部分に取り組んでみてはいかがでしょうか（図19）。**「ちょっとだけがんばればできそうなこと」をやってみる**のです。

もちろん、**「かなりがんばらなくてはいけなそうだけど、とても応援したいからトライしてみたいこと」「応援したい人がやりたいことのうち、とても興味があること」**がある場合は、それに挑戦してみるのもいいでしょう。

具体的な内容は、あなたが「応援したい人」がどんなことをしているかによって変わってきます。

たとえば、社外のコミュニティの運営には、図20のような仕事が必要です。また、図21は、私たち株式会社女子マネが考える、コミュニティ運営に必要なスキルです。すべての社外コミュニティで、このような仕事が求められるわけではないかもしれませんが、コミュニティの「中」でどんなことが行われているかを知る手がかりになるはずです。

こうした仕事の中から、**応援したい人が「必要としていること」**を探ります。直接、**「何か手伝えることはありませんか？」**と聞くのが一番手っ取り早いでしょう。そのうえで、「私は○○が得意なのですが、今、○○の仕事をする人が必要なようでしたら手伝わせてください」などと、相手に力を貸す意志があることを伝えます。たったこれだけで、今までの居場所で、今までの役割を担っているだけでは見えていなかった自分の可能性に気づくきっかけを手に入れられるはずですよ。

いつもとは違う服を着る、というくらい気軽に取り組んでみましょう。

図20 コミュニティ運営に必要な仕事

オフライン（リアル）のコミュニティ	オンラインサロンなどネット上のコミュニティ
イベント会場探し イベント受付 当日の司会進行 当日のファシリテーション 当日のテーマの講師 一連のプロジェクトリーダー　など	ミーティングの議事録 オンラインで取材をして記事を書く メンバーの時間調整 集まる時間や場所の予約（幹事的な仕事） WEBサイトの更新 アクセス解析 バナーデザイン　など

図21 コミュニティ運営に必要な8つのスキル

コンセプチュアルスキル	立ち上がるコミュニティのビジョン・ミッションなど向かう方向性をわかりやすく共感できるものにまとめていく力
コピーライティング	コミュニティの魅力を文章でわかりやすく表現し、コンセプトを多くの人に伝えていく力
記事のライティング	ブログ（オウンドメディア）の記事で、検索キーワードと、自分たちの主義・主張を親近感と共感あふれる言葉で伝え「もっと読んでみたい」と思わせる力
動画撮影	コミュニティの雰囲気や、講座の魅力を動画コンテンツとしてまとめあげ、伝える力（コミュニティの雰囲気や講座の魅力を伝える）
写真撮影	コミュニティの雰囲気を写真素材で伝える力（SNS・ブログ・オウンドメディアでは、文章と写真がファンをつくり出す）
事務局運営力	お客さまからのお問い合わせへの一次対応として電話やメール対応の力（コミュニティの雰囲気がお客さまに伝わる）
基本的なPCスキル	PCスキルはコミュニケーションを行ううえで必須条件
サイトの更新スキル	オウンドメディア・メルマガ・セミナー・勉強会・交流会などの情報を日々更新する力

スピーディな学びが、居場所をつくる。

～20時間で学び、つながりをつくり出す～

応援するために、なんらかの新しいスキル、知識が必要になる場面が出てくることもあるでしょう。そんな時は、新たな知識・スキルを学ぶことになりますが、コミュニティ・ワーカーにとっての学びのポイントは、**時間をかけずに、一定の水準まで引き上げる**ことです。

まず、時間は、多くても**「20時間」**を目安に考えます。また、目指すべき水準（レベル）は、**「その分野のプロに過不足なく（物怖じせずに）相談できるレベル」**です。

かつての自分自身を振り返ってみると、「学ぶこと」自体が目的になっていたな、と感じることがあります。「○○を一生懸命勉強している自分」が好きだったのです。でも、学びの目的は自分のためではなくて、「誰か」のため。**学ぶことが目的なのではなくて、「誰か」を喜ばせること、そして居場所をつくることが目的**ですよね。だから、一人で行う孤独な学びには、あまり長い時間をかけないほうが得策です。

私の専門は、コミュニティ運営ですが、図20の仕事を全部一人でプロレベルにできるわけではありません。私にとっての学びは、「それぞれがどんな仕事で、どのように進めるのが一般的なのか」が、なんとなくわかる状態をつくっておくことです。たとえば、「アクセス解析」という仕事、細かい作業がニガテな私は、ほとんど自分でやることはありません。だけど、時折、お客さまからＨＰの改善について相談を受けることがあります。その際、「何を、どうして、どのように改善したらいいか」を、自分の言葉で話せるようになる必要があります。

そんな時、私が試しているのは次のような方法です。

【ざっくりと20時間で全体像を把握する】

・まずは、本屋さんで、そのテーマの本を5～10冊ほど立ち読みする
・そのうち、「基本がざっくりわかる入門書」「やり方がわかる実践書」「応用的な本（例：アクセス解析で売上げをあげる）」などを3～5冊買う
・買った本を、ざっくりと読む（一字一句まですべてを理解しようとせず、どんなことが書いてあるかを把握するために読む）

ここまですると、一般的なアクセス解析がどのようなものなのかが、なんとなくわかるようになります。そのうえで、その分野が得意な人に相談してみます。

「こういう目的でこんなデータが欲しくて、こんな1枚シートのアウトプットを出す

にはどうしたらいいですか？」

こうやって相談し、その人にお願いできそうであればそのままお任せする（その人には難しそうであれば、別にお願いできそうな人がいないかを相談してみる）という流れで進めます。ここまでにかける時間は、およそ20時間です。

すべてを理解する必要はありませんが、誰かに何かをお願いする際、指示が的確でないと、うまく依頼できません。それでは、成果物のクオリティが下がってしまいます。だから、実作業は得意な人にお願いすることを前提にしながら、**「成果物の良し悪しが判断できるレベル」を目指した学び**をしてみませんか？

自分ですべてをやるのではなく、得意な人に的確に相談、依頼することで、**その分野を得意とする人が活躍する「居場所」をつくる**ことにもなります。もちろん、仕事がうまくいけば、あなた自身も認められ、より居心地の良い居場所を得ることになっていきます。

学びによって得られる成果を、誰かと分け合うこと。それが、「誰かのための学び」の目指すところです。

「振り返り」をとおして、
「学び」と「つながり」を
深める。

何かを理解したり、修得したあと、誰かに「Give」して、はじめて誰かの役に立ちます。アウトプットした結果を手渡したあと、ほんとうに満足してくれたかどうかを振り返るまでが「学び」です。

図22　経験学習のサイクル

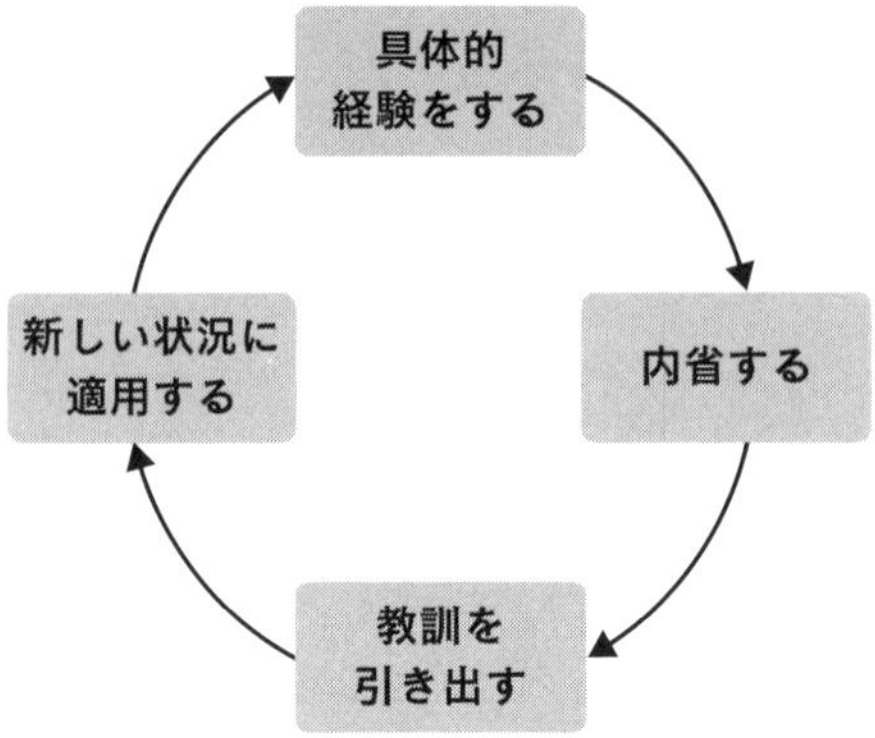
具体的
経験をする
内省する
教訓を
引き出す
新しい状況に
適用する

出典：『職場が生きる 人が育つ「経験学習」入門』（松尾睦著、ダイヤモンド社）

期待に沿えるものだったのか、喜んでもらえたのか、相手にとってなんらかのメリットがあったのかを振り返るまでを、学びのプロセスの中に組み込みましょう。

人材開発の世界でよくいわれる**「経験学習」**という言葉を聞いたことがありますか？　自分の能力を高めていける人は、何かしらの具体的な経験（D）から、内省し（C）、内省から教訓をつくって「次からはこのようにしよう」と決めて（A）、新たな挑戦を計画する（P）、という流れで進めているというわけです。こうしたサイクルを回し続けることで、自分の学びを深めて、「Ｃａｎ」を大きくしていくことができるのです。そしてやがては、ほか居場所（会社や他の社外コミュニティなど）でも、新たなスキルを活かしていけるようになるでしょう。

ちなみに、ひとくちに「内省」や「振り返り」といっても、うまく行うにはちょっとしたコツが必要です。

ここでご紹介したいのは、**「KPT」**という振り返りのためのフレームワーク。仕事や活動を**「継続すること（Keep）」「問題点（Problem）」「次、挑戦すること（Try）」**の３つの視点で整理します。一人で行う際にも、チームで共有する際にも、ポジティブな面と改善点を同時に考えられるので、オススメです。

ＫＰＴでの振り返りは、次のステップで行います。

①活動を思い出す
②うまくいった行動を確認する（Keep）
③問題点を洗い出す（Problem）

図23　KPTで振り返りの質を高める

KPTの基本フォーマット

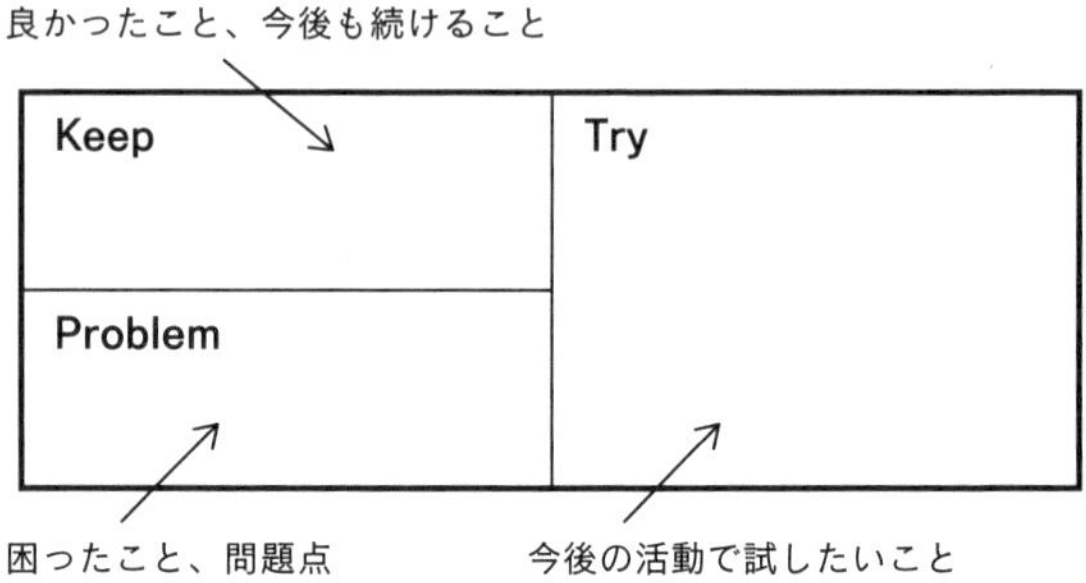
良かったこと、今後も続けること
Keep
Try
Problem
困ったこと、問題点
今後の活動で試したいこと

この視点でふりかえるのが超効果的！

④原因を検討する
⑤改善策を考える
⑥試したいことを考える
⑦試すことを決定する（Try）

この順番に考えて、図23のフレームワークに落とし込んでいきます（参考『LEADER's KPT』（天野勝著、すばる舎））。

私は、このフレームを、個人でもチームでも活用しています。個人で行う場合は、手帳を見ながら印象に残ったことについて、一日、一週間単位で振り返ります。チームで行う場合は、ひとつのプロジェクトが終わったタイミングで、依頼してくれた人も交えて振り返ります。

振り返りを続けると、知見・経験がたまっていくので、仕事の質が高まっていきます。**チームで行うと、メンバー間のつながりが強くなっていく**というのも、ひとつの効果です。

なお、毎日のスケジュールがパンパンで疲れ切っていたら、効果的な振り返りはできません。振り返りは、出来事に対して意味づけをする作業なので、意外とエネルギーを使うものなのです。

学びを深めるにしても、チームのつながりを深めるにしても、振り返りは欠かせないことです。そうわかっていながらも**「振り返りの時間をとることすら苦痛に感じる」ような状態だったら、エネルギー不足に陥っている**のかもしれません。

かくいう私も、独立一年目、オンラインサロンの運営サポートをしていた頃は、一日中SNSの通知をチェックして、メールやメッセージに返信するという生活をしていました。その頃は、見事に疲れ果ててしまって、振り返りどころか、何も考えられずに毎日同じ作業をくり返すだけで精一杯になっていました。

それでは仕事の発展性を感じられませんし、居心地も良くありませんし、何より自分らしくもありません。

そこで思い切って、「ＳＮＳのチェックの時間を決めて、オフラインの時間をつくる」「寝る時はスマホの電源をオフ（マナーモード）にして、音が漏れないようにする」「眠る時はアイマスクをして完全に真っ暗にする」「寝る二時間前からは電子メールやスマホを見ない」「朝晩の軽いストレッチで血流を良くする」「マルチタスクをやめる」「ストップウォッチを利用して、ひとつのことに集中する時間を決める」「休憩時間を決めてちゃんと休む」などの取り組みを始めました。

すると、少しずつエネルギーが戻ってくる感覚がありました。

忙しいからこそ、大切な「振り返り」ができる自分の状態をつくっておきたいものですね。**自分なりのエネルギー回復法を知っておくことも、コミュニティ・ワーカーの大切なスキル**です。

小さく始めて、小さく
アウトプットしながら、
大きな成果へと
つなげていく。

ここまでは、わりと期間の短い学びを紹介しました。ただ、中には、ちょっと物足りなさを感じている方もいるのではないかと思います。「誰かのための学びが大事だとはいっても、もっとしっかりとしたスキル・知識を身につけたい」と。

本業の仕事であれば長期の学習を要するものも必要かもしれませんが、**社外活動のはじめの一歩として何かを学ぶ際、修得が数年にわたるものは、あまりオススメしません。**短い期間である程度修得できる学びを突破口としながら、連続的に学んでいくことをオススメします。

具体的には、次の手順で進めます。

まずは、社外コミュニティの活動の中で、少し努力すればできそうな仕事のうち、「やりたい」と思えるものを引き受けてみます。

ちなみに、私は読書会の司会を引き受けたことがありました。単純に、5分間のプレゼンテーションを5人順番に回す、というだけのことでしたが、ずいぶん緊張したわりに、あまりうまくいったという記憶はありません。

それでも、その経験をきっかけに「司会」や「ファシリテーション」の役割に興味をもち、本を読んだりしながら研究するようになりました。そしてその半年後には、

100人規模のイベントの司会をするまでになっていました（この時は、研究の成果もあって、うまくいきました）。

ここでの「司会」という役割のように、会社以外のコミュニティにおいて、新たな居場所をつくっていくのに向いているスキルがいくつかあります。これらは、**他人から求められやすいものでありながら、20時間程度で全体像を把握し、小さな場で実践しながら経験値をためやすいスキル**です。

【居場所をつくっていくのに向いているスキル】

・ファシリテーター、司会
・事務管理系（受付名簿や参加者へのリマインド送付・入金確認）
・当日のスライド・資料の作成
・イベント会場への道案内の作成
・イベントレポートとして記事を書く
・イベント全体を通して写真や動画を撮影する

図24　学びは経験を抽象化すること

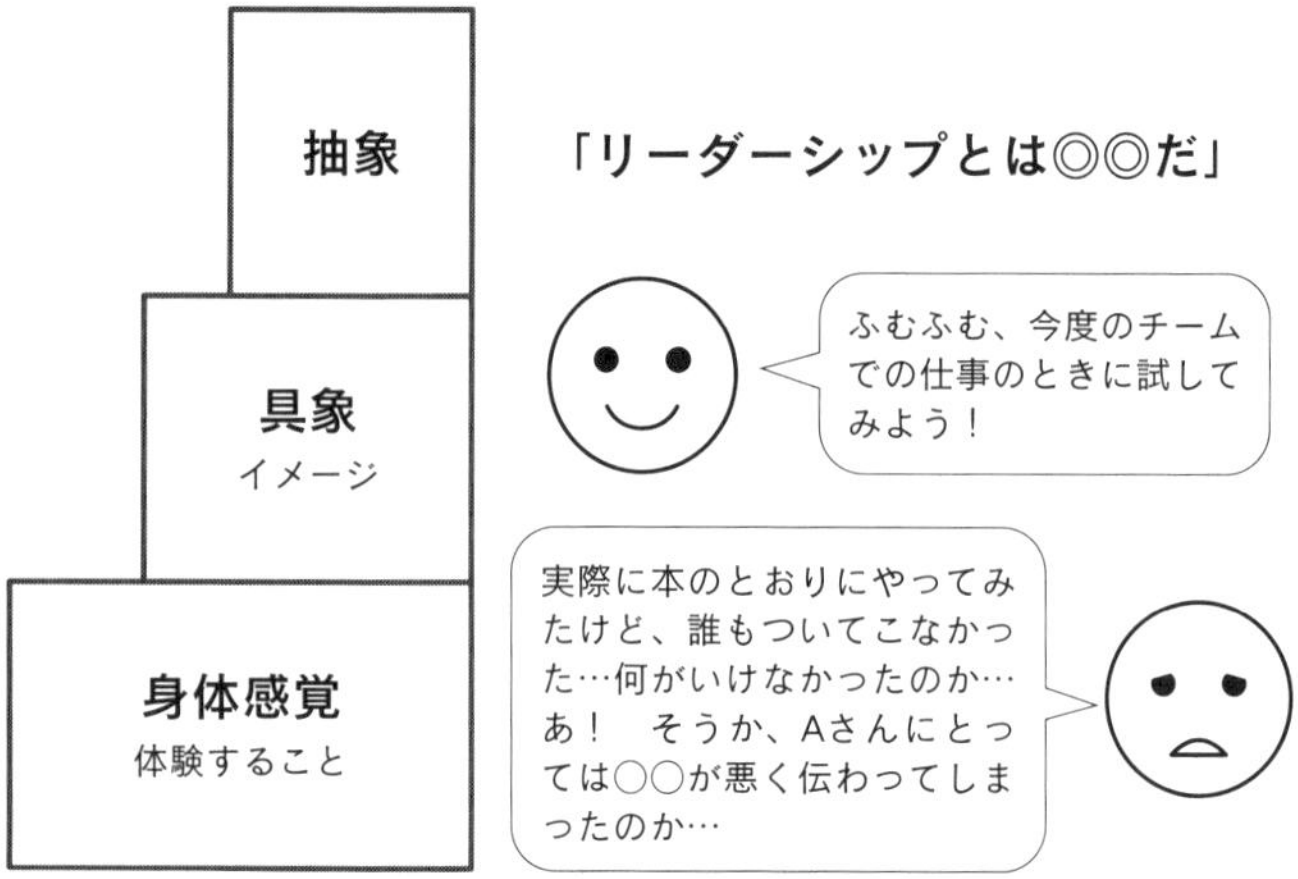
抽象
「リーダーシップとは◎◎だ」
具象
イメージ
ふむふむ、今度のチームでの仕事のときに試してみよう！
身体感覚
体験すること
実際に本のとおりにやってみたけど、誰もついてこなかった…何がいけなかったのか…あ！　そうか、Aさんにとっては○○が悪く伝わってしまったのか…

こうした仕事はあなたの「やりたいこと」や「欲しいポジション」と、完全に一致するものではないかもしれません。でも、**自分の可能性を開いていく最初の一歩**として、最適なサイズの役割ともいえます。

というのも、結局のところ、**新しいスキルは実践しないと身につきません。**たとえば、「リーダーシップ」や「ファシリテーション」などは、その代表例。本を読んだり、セミナーで話を聞いたりして、身につけた気になったとしても、なかなか実践できないものです。

学んだ理論（抽象）を、具体的な行動としてやってみて（具象）、さらにまわりからフィードバックを受ける（身体感覚）ことで、ほんとうに身についていくからです（図24は、『図解でわかる！　ロジカルシンキング』（秀和システム）という本の著者の渡辺まどかさんに教えていただきました）。

しっかりとしたスキルを身につけたい方こそ、こうした一つひとつの積み重ねが大切なのだということを忘れないでくださいね。

学び上手は、一人では学ばない。

～挫折しない環境のつくり方～

ここまで読んでいただいて、「何か学んでみよう！」と思っていただいたのであれば、とてもうれしいことです。

「〜しよう」「〜できるようになろう」私たちは、日々、いろんな決意をします。でも残念ながら、その多くが挫折に終わってしまうのが現実です。

私自身もたくさんの「決意」と、たくさんの「挫折」をしてきました。ダイエット、中小企業診断士・司法書士の勉強、ジム通い、英語……私の人生を振り返ったら、挫折の屍だらけ。かけたお金も数百万円にのぼります。

でも、こんな私でも、近頃はなんとかひとつのことを続けられるようになりました。たとえば、朝15分のチームミーティング（オンライン、２０１９年11月時点で４００日継続）、日記（約15年）など。

朝のチームミーティングを例に、継続のポイントを５つご紹介します。

【ポイント1　目的がある】

朝のミーティングは、「一緒に進めている仕事の進捗を良くしたい、問題があれば一緒に解決したい」という目的があるから、毎日続けられます。

【ポイント2　仲間がいる】

一緒にやる仲間がいるから、「自分だけサボるのはまずい」と思えます。

【ポイント3　責任感が生まれる状況をつくる】

自分が発起人だったので、「絶対に起きよう」と思えます。

【ポイント4　報酬、ワクワクがある】

チームで励まし合うことで、「明日もやろう」という気持ちになれます。

【ポイント5　期限がある】

「一緒に仕事をする限り続ける」と期限を決めることで、「ずっと続くわけじゃないから、今だけはがんばろう」と思えます。

このように考えると、**「目的と期限を決めて、自分が発起人・責任者となって、学びの場をつくる」**と、挫折が防げそうです。

世の中を見渡すと、たくさんの学習コミュニティがあります。そうしたコミュニティを活用することで、学びの仲間を得たり、進捗を管理してもらったりすることも、ひとつの方法。一人でがんばるよりは、ずっと効果的です。

でも、**さらに効果を高めたいのであれば、自分で「学びの場」を始めてしまうのが一番**です。人の企画だと、どうしても受け身になってしまうのが、人間という生き物だからです。

自分で学びの場をつくるといっても、始まりは二人からでOKです。**自分と誰かもう一人の「学びのグループ」**をつくります。そして、定期的に集まる場（オンラインでも可）を先に決めてしまうのです。そうすれば、休みづらくなるし、挫折もしづらくなります。私たち人間はほんとうに弱い生き物。だから、意志の力は過信せず、環境を整えるという手段を考えてみませんか？

それに、たった2人だけの学びの場も、あなたにとってひとつの居場所です。これまでは、すでにあるコミュニティに参加する方法をご紹介してきましたが、**自分が心地良くいられる場を、自分でつくり出すというのも「居場所」をつくるひとつの方法**です。学びを続けながら、同じ目的をもった「仲間」とのつながりを深め、さらには「居場所」のつくり方を学ぶこともできる——まさに一石三鳥以上の大きな効果があります。ぜひ試してみてください。

好きな場所で、自分らしくいられる仕事を得る。

~今あるスキルを別の場所で活かす~

さて、ここまでは主に新たなことに挑戦する際のコツをご紹介してきましたが、そもそも、「今あるスキル・知識を活用できないか？」という視点も大事です。たとえば、会社でふだんやっている仕事は、「この程度のことなら誰でもできる」と思うかもしれませんが、他社や社外のコミュニティの仲間たちからすると、「そんなことができるなんてすごい！」と思ってもらえることが、意外と多いものです。

というわけで、「学び」をテーマにした章の最後では、**これまでに自分が獲得してきたスキル（すでにもっているスキル）を、別の場所で活用して、誰かの役に立つための方法**をご紹介します。ポイントは、次の３つ。

1. 自分がすでにもっているスキルを棚卸しする（どんな小さなことでもＯＫ）
2. 「この人のことを支えたい、応援したい」と思う人のそばにいる
3. 一度任せてもらったら、改善点を聞いてリピートしてもらう

たとえば、データ分析やマニュアル・文書づくりなど、会社で当たり前にやっている作業は、コミュニティを運営していくうえで、意外と重宝されます。

実際に私は、講座に参加してもらった方のうち、データ分析やマニュアルづくりができる方に、お仕事をお願いするようになりました。自己アピールが得意な人であれば、雑談していく中で、「そういうスキルがあるなら、ぜひお願いしたいです」ということになりやすいのですが、内向的で物静かだったりすると、なかなかそうはいきません。

ここでは、そんな内向的な方にオススメの方法をご紹介します。

まずは、**「負担なくできること」**を書き出してみます。イベント会場を探す、ホワイトボードを使って書記をするなど、どんなに些細なことでもかまいません。この時、「他人と比べてどれくらいできるか」という評価はいったん脇に置いておいて、純粋に「できるか」「できないか」で考えてみます。こうしたリストを、自己紹介で伝えます。**「お手伝いできること」**として名刺やSNSなどにリストを書くだけで、まわりは頼みやすくなります。

そして、**「この人を応援したい！」と思える人**（多くはいろんなプロジェクトに関わる社交的な人だったり、自分でプロジェクトを主催をして進めている活発な人だったりします）と、できるだけ多くの時間をともにします。その人の話を聞く中で、自分が役立てそうなことを見つけたら**「それ、私がお手伝いができるかもしれません」**と勇気を出して伝えてみます。すると、仕事を任せてもらいやすくなるでしょう。

こうして引き受けた仕事をきっかけに、次に活かします。大事なのは、「意図」（どうして依頼したのか）と「活用方法」（アウトプットをどんな場面でどのように使うのか）を把握すること。また、連絡を小まめに行うこともポイントです。とくに、「依頼の受託」（承ったこと、着手日と予定納期）、「中間報告」（着手してどんな様子か、納期は予定どおりか、遅延するならば理由と再納期）、「完了報告」（納品と報告、チェックバックに対応不可能な予定）は欠かせません。

こうしたていねいな仕事ぶりが、「次（リピート）」のチャンスを運んでくれるでしょう。

相手のための学びとは、役割・仕事を任せてもらうことに他なりません。仕事を任せ続けてもらえるということは、次の学びの機会を得られるということ。こうして誰かのために学びを続けていくことで、より大きな成長へとつながっていくのです。

もちろん、「ちょっとやってみたけどこれは向いていなかった」というのなら、その学びは続けなくても大丈夫。ムリをせずに、次のスキルを試してみればいいだけのことです。

ぜひ、小さなところから始めて、いろいろな役割を試着してみてください。そして、自分の可能性をどんどん広げていきましょう。

第5章

コミュニティ・ワーカーのスキル③

チームで働く

コミュニティ・ワーカーは、みんなで勝つ道を探る。

さて、最後の章は、コミュニティ・ワーカーにとって欠かせないチームづくりです。ただ、いろいろなことに取り組む前に、欠かせないことがあります。それは、**「一人で勝つ」から「みんなで勝つ」というOS（基本的な考え方）の変更**。

私自身、かつては、「なんとか自分だけは勝ちたい・生き残りたい」とおそらく人一倍強く思っていましたが、今は「みんなで勝ちたい」と強く思うようになりました。そのきっかけになったエピソードをご紹介します。

20代の頃の私は、一回りか二回り上の方とばかり一緒にいました。なぜかというと、「こういう方々に気に入られれば、いつか私を引き上げてくれるかもしれない」と思っていたからです。ほんとうにイヤな奴ですよね（苦笑）。

当時の私は、いろんな先輩たちに助けてもらいながらも、どこか気の抜けない毎日で、「嫌われたらどうしよう」というヒヤヒヤした気持ちを抱きながら過ごしていました。

そんなある日、ふと5~6才ほど年上の方に誘われた飲み会に参加した時のことです。指定された場所に向かうと、同年代らしき仲の良さそうな人たちが、とても楽しそうに話していました。「どういう集まりなんだろう」と思って話を聞いていると、メンバーは、外資系ＩＴ企業の統括マネジャーや上場企業の女性役員、話題の政治家の右腕的な方など、自分にはとても手が届かないようなポジションの方ばかり。

そこでの会話は、とてもスケールが大きいものでした。ある業界や、県や市といった自治体、時には日本全体を動かすような規模のことまで多岐にわたります。

私は、勇気を出して、素朴な疑問をぶつけてみました。

「業界がまったく違うのに、みなさんはどうやって仲良くなったのですか？」

すると返ってきたのは、「もう10年以上も前から定期的に集まっている仲間同士なんだ」という答えでした。まだ何者でもない若い頃に知り合い、ふとしたきっかけから定期的に集まって、お互いの仕事の相談に乗ったり、応援し合ったりしているうちに、それぞれのメンバーがだんだん出世したり、活躍の幅が広がっていったりしたのだそうです。

「なんの利害関係もなく一緒に時間を過ごしてきた仲間だからこそ、地位が高くなってから出会った人よりも、ずっと安心して付き合える」とも話していました。

この話を聞いて、「少しでも自分のトクになるように」と利害関係を求めて人に近づいていた自分が、とても恥ずかしくなりました。

あともうひとつ気づいたのは、**同年代もしくは自分より年下の仲間をもつことの大切さ**です。一回り、二回りも年上の方々にいくらかわいがってもらったとしても、その方々は自分より10年～20年先に引退してしまいます。

この出来事をきっかけに、私は同世代や年下の仲間を応援しようと、考えをあらためました。

そして、2013年頃から、毎年、その年の目標設定をする新年会を企画し始めました。もう8年目になりますが、一緒に活動してきた仲間の中には、年下なのに上場企業の役員になったり、独立をして本を出したりする人も出てきています。仲間たちの活躍が、まぶしくもあり、また楽しみでもあり、刺激や期待、そして安心感をもらえる貴重な場となっています。

「自分だけが勝つ」のではなく、「みんなで勝つ」。この違いをなんとなくつかんでいただいたところで、早速チームづくりのコツを探っていきましょう。

「何をやるか」
「どんなスキルか」よりも
「誰と働きたいか」を
大事にする。

さて、いよいよチームでの働き方に話を移していきますが、居場所を考えていく時、**誰と一緒に仕事をするか**は、ほんとうに大事なことです。

大ヒットした『嫌われる勇気』（岸見一郎・古賀史健著、ダイヤモンド社）で有名になったアドラー心理学の創設者アルフレッド・アドラーは、**「人の悩みはすべて対人関係の悩みである」**と断言しました。私は、起業する前、職場の人間関係で大きなストレスを感じて、時に蕁麻疹《じんましん》が出るほどでしたが、退職をしたらあっという間に治る、ということを経験しました。**「誰と一緒に働くか」**で仕事の成果どころか、健康状態まで変わることがあるのです。

あと、「○○のスキルをもっている人がほしい」など、スキル重視でチームを組むことがありますが、こういう方法はあまりオススメしません。社外のコミュニティのような、会社の仕事でもなく、しっかりとした計画があるわけでもない状況では、ゴールは変わらなくても、手段（どうやって実現するか）が変わる可能性は大いにありますよね。スキル重視で集まったメンバーに対して、最初にやろうとしたやり方では成功が難しそうな時、「やり方を変えたほうが良さそうだから、違う方法でやってみよう」と言えますか？　または、そう言われた時に、たとえば自分が得意だったスキルを活かす場面がなくなっても、不満を感じずにプロジェクトに挑戦し続けられるでしょうか?

「〇〇のスキルを活かしたい」など、自分のこだわりをもちすぎていると、刻一刻と変わる毎日の中で、柔軟な対応がしづらくなってしまいます。そうすると、プロジェクトの成功確率が下がってしまうこともあるのです。

こうした事情もあって、私自身、チームの人選にはとても気を遣っています。

とくに大事にしているのは、**「プロジェクトにかかわる理由が、お金やスキルを活かすなど、個人的な事情だけではない人と一緒にやる」**ということです。

具体的には、こんな方と「一緒に仕事をしたい」と思っています。

【参考:私が一緒に仕事をしたい人】

・そのプロジェクトの結果、実現する未来に共感し合える人
・個人的に興味があって、一緒に仕事をしてみたい人
・応援したいと思って参加してくれている人

・向学心が高く、報酬よりも学べること・経験することに価値を置いている人
・プロでもお金をもらわずにかかわってくれるプロボノ（プロのボランティア）
・未経験でも意欲のある人

一方で、次のような方とは「一緒に仕事をしない」と決めています。

【参考：私が一緒に仕事をしない人】
・フリーランスとして食えていない人
・仕事をお金で判断する人
・今とても忙しくて、心身の余裕がない人
・「指示してくれたら（頼まれたら）やります」という受け身な人
・「自分のために〜〜を学びたい」「こんなリターンを期待している」など、自分目線の目論見が強い人

これはあくまでも私の場合なので参考までにご覧いただければと思いますが、こう

した基準（とくに、「一緒に仕事をしない方」）を決めておくことをオススメします。

私の場合は、いろいろな方とチームを組む中で、前出のような基準が見えてきました。たとえば、心身の余裕がない人は、プロジェクトの途中でフェード・アウトしたり、対立関係になったりするケースが何度もありました。また、受け身の人も、全体的に余裕がある時はフォローできますが、忙しくなるとフォローできなくなったり、自分自身が疲弊してしまったりすることがありました。

ただ「合わない！」という理由だけでチームを組まないのはオススメできませんが（第3章でご紹介したように、自分とは違う強み／特技をもっている人は、合わないようで、じつはあなたの助けになってくれるから）、チームづくりや人選で、何度も何度も同じようなミスをくり返すのは、お互いにとって不幸なこと。

社外のコミュニティをとおして、いろんな人と一緒に動いていく中で、**「どういう人と働きたいか／働きたくないか」**という視点で振り返りをしてみることをオススメします。

権力・お金に頼らないと、
チームの力は
強くなる。

私が、「権力やお金以外でチームをまとめなければ」と思ったきっかけは、そもそも権力もお金も持ち合わせていなかったからです。私が、社外コミュニティと出会ったのは、当時の東京の最低賃金で働くネイリストだった時のこと。「権力やお金など、わかりやすい魅力があればラクなのに」と、何度思ったことでしょうか（苦笑）。

自信もなければお金もない。そんな時に社外でのコミュニティに出会いました。はじめて本気で「この人のことを応援したい」と思った人が、お金も権力も使わずに、主体的に動くチームをつくっていく様子を近くで見ていて、「すごいな」と思うとともに、「こういう方法もあるんだ」と目から鱗が落ちた感覚でした。

また、変化の激しい時代、一時、権力や地位を得た人や企業が、新興勢力に打ち負かされてしまう様子を何度も見てきました。それに、とくに自分よりも若い世代と接していると、権力の効果が通じない人たちが増えているとも感じます。

権力は、裏づけ（実績や人間的な魅力など）があって、はじめて成り立つもの。でも、そもそも権力を支える社会システムという土台自体が、グラグラとダイナミックに動いているこの時代に、権力やお金といった外的なものだけで動く人は、徐々に少なくなっているのではないでしょうか。

ましてや社外のコミュニティの場合、上司・部下という関係ではありません。そもそも「権力」の力を発揮しようにも、権力自体がないのです。

時代が大きく動く今、人を動かしてチームとして仕事をしていくうえで何より大切なことは、一人ひとりの「人間の尊厳」ではないかと思っています。

「尊厳だなんて、大袈裟な言葉を使って！」と思うかもしれませんが、誰でも**「一人の人間として尊重されたい、信頼されたい」**と思っています。それは、その人にとって、生きがいにもなるのです。

相手に「私は、今の自分で十分に価値がある」と思ってもらえるようなかかわり方をすることが、誰かに信頼されたり、応援してもらえるようになるうえで、大切なのではないでしょうか。

こういう話をすると、「私には応援してくれる人なんていない」と嘆く人がいます。でも、じつは、「応援してくれる人がいない」のではなくて、**「あなた自身が誰のことも応援していないから、誰も応援してくれない」**というケースが多いのです。まずは、誰かの味方になって、相手を応援してみてください。そうすると、お金や権力がなくても、自分の味方になってくれる可能性が高まるはずですよ。

権力やお金に頼らないチームの結束力の高さを、かつて読書会を運営する中で経験しました。会社の部下や同僚に通常業務以外の仕事をお願いしたら、イヤな顔をされることもあるかもしれません。でも、当時の運営メンバーは、頼まれてもいないのに、お金をもらえるわけでもないのに、チラシをつくりったり、名刺をデザインして印刷したり、各々がたくさんの人に配りに行ったり。みんなが、「やりたくてやっている仕事」の質の高さとスピード感に、とても驚きました。

ビジネスだと、誰かが成果を出す（評価が上がる）と、誰かが負ける（評価が下がる）という構造になりがちです。でも、「好きだから応援したい」「共感しているからうまくいってほしい」と思える活動は、評価なんて関係ありません。ただただ、**「うまくいってうれしい」「貢献できてうれしい」という気持ちで人が動く時、私たちは、とてつもないパワーを発揮する**のです。

そんなチームをつくれたら、とてもステキですよね。

「身近な人からお金をもらっていいのか？」という不安に向き合う。

人やチームを動かす時はお金に頼らないほうがいい、と書きましたが、実際のところ、**「お金をもらう／もらわない」問題**は、とても難しいものです。

私の場合、自分が興味のあるもの、学びたいもの、リサーチしたいと思っていたものに関するプロジェクトの場合、お金を受け取らないケースが多いです。なぜなら、本やセミナー、インターネットから理論を学ぶよりも、実際の経験をとおして学ぶほうがずっと価値が高いし、新たなチャンスは「人から運ばれるもの」だと思っているからです。

「お金がもらえないなら動かない」と考えていると、新しい経験をするチャンスが極端に少なくなってしまうおそれがある、という点はぜひ覚えておいてください。

【参考：私がお金をもらわない場合】

・「この人を応援したい」と心から思える人からの相談
・これから学びたいと思っていた分野
・調べてもなかなか事例が出てこない経験

たとえば、私は、２０２０年後半に１０００人規模のイベントを、無償でお手伝いする予定です。この規模のイベント運営は、なかなか経験できないものなので、ボランティアスタッフとしてでも参加したいと思って、立候補しました。ちょうど、今のクライアントから、「数年後に、１０００人規模のイベントを開催したい」とうかがったので、その夢を叶えるお手伝いをするためにも、今のうちに経験したいと思っていたからです。もちろん「手伝ってほしい」と声をかけてくれたその本人がステキな人だった、という理由もあります。

一方で、お金をもらう場合も、ハッキリと決めています。

【参考：私がお金を受け取る場合】

・その企画で利益が出る場合（分配される金額を受け取る）
・専門家としてすでにお金をもらっている分野であり、なおかつそのプロジェクトで利益が出る場合
・プロジェクトで利益が出なくても、報酬を支払うといわれて依頼される場合（「仕

事」として頼まれた場合）

また、対面している時間の中であれば、無料でアドバイスをしたり、相談に乗ったりしますが、それ以上に時間をかけて調べたり、調査したりする作業を請け負う時は、その分の時給をスキルに応じていただくようにしています（あるいは、一緒に働くプロジェクトメンバーにやり方を教えて、その人にやってもらうこともあります）。

仕事の報酬はお金だけではありません。でも、なんでも無償では疲れてしまいます。それに、想像もしなかったようなトラブルを生み出したり、個人的に「後味の悪い思い」をしたりすることもあるかもしれません。

そこでオススメしたいのは、**「自分が働く理由」**を考えてみることです。

黒田悠介さんというあるコミュニティ・オーナーとして活躍する私の友人は、次のような基準（仕事から受け取れる6つの報酬）をつくっていました。

1．感情という報酬　仕事を通じて何かを達成した喜びや満足感、行為そのものの楽しさ、驚き、興奮、などなど。

2.学習という報酬

課題に向き合ったり仕事仲間に向き合ったりする過程で身につけるスキルやノウハウ。

3.没頭という報酬

スポーツ選手が「ゾーンに入る」と呼んだりする感覚です。自分の技能でギリギリクリアできそうな課題設定をすることが、フロー状態に入るカギだと言われています。そのため、退屈な仕事では得られない報酬です。

4.信頼という報酬

一緒に仕事をした仕事仲間との信頼関係や、価値提供した相手との信頼関係もまた報酬です。

5.意味という報酬

意味のないことをすることほど辛いものはありません。逆に、意味があると思えていることなら、ある程度の苦難も乗り越えられたりするものです。仕事から得られる意味の範囲が広がるほど、報酬としては大きくなります。

6.金銭という報酬

金銭は、もっとも一般的な意味での報酬です。金銭の報酬が低くてもその他の5つの報酬が高ければ納得できますが、それを他者が強要すると「やりがい搾取」になったりします。この金銭という報酬を上げていくゲームが好きな人も一定いるようです。

（「あなたが仕事から受け取れる6つの報酬」）
https://note.com/chlorine0528/n/nba7145c0918b

黒田さんのように、「自分にとっての仕事の報酬」をお金以外の尺度で量る方法を考えてみてはいかがでしょうか。

少し逆説的ですが、お金以外の報酬を考えてみることで、お金という報酬との向き合い方について、自分なりの基準が見えてくるはずです。

時間がない中で、プロジェクトを回す分業のコツ。

本業の仕事をしていて時間がない中で、社外コミュニティでのプロジェクトを回すというのは、なかなかしんどいこともあります。

社外コミュニティが立ち行かなくなる最大の原因が、「みんなが忙しすぎて、情報共有が難しくなったり、ミーティングに参加できない人が増えたりして、ドロップアウトする人が出てきてしまう」ということです。ほとんどの方が、本業をしながらの参加となると、どうしても複業的な活動は疎かになりがちです。

するとほかのメンバーも「あの人、なかなか参加しないんだけど、何をやってるんだろう」と不満をもったり、そうした不満をもたれているのではないか、と不安になってしまったり……。実際はそのように思っているかどうかは別として、参加できずにいるうちに、勝手にそんな被害妄想を抱いてコミュニティから足が遠のく……こんなこともしばしば。

「みんなが忙しい」ことを前提にしながら、プロジェクトがうまく進むような工夫をしていけるといいですね。

そもそも、プロジェクトが失敗してしまうのは、次のようなケースです。

・情報共有がうまくいかなくてメンバー間にギャップができてしまう
・顔を合わせていないメンバーの気持ちが離れてしまう
・何をしたらいいかわからない人がいて、「手を挙げる人」に仕事が偏ってしまう
・一人が采配を振るい過ぎて、上司・部下のような関係になってしまう
・会っている時は盛り上がるけど、日常に戻ると進捗がはかどらない

こうした頓挫の原因を防ぐために考えられるのが、次のような対策です。

・負担のない情報共有ツールを使う

日常的な会話：Facebookメッセンジャーや LINE など、使い慣れているもの
情報のまとめ：DropboxやGoogleドキュメントなど情報が整理しやすいもの

フロー（流れる情報）とストック（ためておく情報）を区別することが大事です。
また、チャットワークやSlackなども便利です。

・定期的に顔を合わせるタイミングをつくり習慣化する（オンラインでも可）

便利なツール：zoomなど、移動中でも参加でき、顔を合わせられるもの

私は毎朝チームメンバーとオンラインで、15分だけ「おはよう」と挨拶をして自分の仕事や体調などを共有する場をつくっています。私がプロジェクト・リーダーとして取り組んでいるものがベースですが、「参加できなくても問題なし（任意参加）」という前提で行っています。

もちろん毎日参加できる方ばかりではありませんが、ほんの少しでも顔を合わせていると、少し進捗が遅れても「今、プライベートが大変だから仕方ないかな」など、事情を理解しながら待てたり、「そろそろお願いね！」など重くなりすぎない程度に声をかけたりできるようになります。この習慣をつくってから、メンバーのプロジェクト離脱率がぐっと下がりました。

・本業ではないからこそ、役割を明確にする

本業ではないプロジェクトの場合、なんとなく仕事を振り分けてしまうこともあり

ます。でも、本業ではないからこそ、役割を言語化して、その役割の意味を記載して、**「期待を明確にする」「本人に選んでもらう」「依頼する」**ようにします。**「自分が手を挙げた役割」と認識することで、自覚と責任感を生む**ことが大事です。

そうはいっても現実的には、必要な役割に対してスキルが足りなかったり、または、想定よりも多くの方から応募があったりすることもあります。そんな時は、締切の数日前にリマインドをする役割や、議事録担当など、補佐的な役割をつくり、段階的に取り組んでもらえるように工夫します。

・プロジェクト・リーダーのほか、サブ・リーダーを決めておく
(サブ・リーダーは、リーダーとはまるで違うキャラクターの人にする)

「一人が采配を振るい過ぎて、上司・部下のような関係になってしまう」というのは、じつは、私が社外コミュニティでのプロジェクト・リーダーを始めた頃の失敗談です。「こうしたい!」という想いが強すぎて、他の人がついてこれなくなってしまったのです。

こうした事態を防ぐために、私は、自分とはまったく違う性格の人に、サブ・リーダーの役割を依頼するようにしました。そして、ミーティングのファシリテーションをサブ・リーダーに任せるようにしたのです。ミーティングの場で、どうしても自分が主導権を握りがちになってしまうことを自覚していたからです。

いざチームで仕事をする時、第3章で取り組んでいただいた「自分を知る」が生きてきます。自分のピースをうまく活かすために、**自分に足りないものをもっている人に協力してもらう**のは、ほんとうに大切なことです。

もちろん、リーダーの立場ではないとしても、**「チームの中で、今、どんな役割が足りていないのだろう?」**と考えることは、円滑にプロジェクトを進めるうえで大切な視点です。会社ではないのですから、そのプロジェクトを抜けても生活の基盤が揺らぐわけではありません。気づいたことがあれば、「こうしたほうがいいと思う」と素直に意見を伝えてみてはいかがでしょうか?

もし意見を伝えてイヤな顔をされたら、関係性や伝え方を見直すチャンス。手をつくしてもダメなら、その場はあなたがいるべき居場所ではないというだけのことです。社外のコミュニティは、ほかにもたくさんあるので、今までの経験を活かしながら次の場へと進んでいきましょう。

気持ち良く次に向かう
チーム解散のコツ。

一度チームになったら、解散することにさみしさを感じる方もいらっしゃるかもしれません。私もそのように感じていたので、その気持ちはよくわかります。

でも、一緒にやっていく「意味」がなくなった後でも、ダラダラと過ごすと、せっかくできた「つながり」が、馴れ合いや惰性といった、悪い関係性になってしまうことがあるのです。

チームとしての目的を達成したら解散、というのが、じつは質の高い「つながり」をつくるうえで大事なことなのです。

そういう意味でも、いいチームとして仕事をして気持ち良く解散するために、次の2点を考えておくことをオススメします。

【気持ち良く解散できるチームに必要なこと】

・チームを組む際の目的とそれぞれのメンバーの役割をハッキリさせること

・あらかじめ、目的達成までの期間を決めておくこと

まず、目的・役割が明確でないと、そのチーム編成が良かったのか、悪かったのかが判断できません。また、期間が不明確なプロジェクトは、誘われる側にとってみれば、「いつまで参加したらいいのだろう」と判断がつかずに困ってしまいます。

個人的には、むやみに「ずっと一緒にやろうね」などと、先々のことまで保証するような約束をしないようにしています。なぜなら、変化が激しい時代、ずっと同じことを同じメンバーでやり続けるのは、至難のワザだからです。調子がいいことをいうよりも、できもしない約束はしないほうが誠実なのではないでしょうか。

とはいえ、解散はさみしいものです。

たとえば定年退職した仕事一筋の方が、しばらくは自分の心の置きどころに困ってしまうように、居場所がひとつしかないと、ぽっかりと心に穴が開いたような心境になりがちです。

これは私もかつて経験したことですが、今は、そのように感じることはほとんどありません。なぜならば、かかわっているプロジェクトが、常に複数あるからです。これはつまり、**複数の居場所がある**ということでもあります。

自分の居場所が複数あることの大切さは、第1章でくり返しお伝えしましたね。

社外コミュニティの活動も、会社の仕事と同じように、ずっと永遠に続くものではありません。環境の変化が早いなかで**ずっと同じ居場所にい続けるのが難しいのは、会社も社外コミュニティも同じ**なのです。

だからこそオススメしたいのが、**自分の居場所を複数つくる**こと。ひとつのプロジェクトという居場所での役割が終わっても、次の居場所があると、ずいぶん安心感が違ってくるのではないでしょうか。

そして、あるプロジェクトで一緒に仕事をした人の中から、合いそうな方や、今後も「この人を応援したい」と思える方を、次のプロジェクトにお誘いするというのもひとつの方法です。こうした選択肢をつくれるようになると、仲間とともに成長し、成果を生み出し続けることができるようになっていきます。

「解散しても大丈夫」と思える状況をつくり出せるように、自分の居場所をあらためて見直してみませんか？

自分の居場所を
つくれる人から、
他人の居場所を
つくれる人へ。

さて、いよいよ最後の項目です。私は、今、コミュニティ運営のサポートを専門にしていますが、よくこんなことを聞かれます。

「コミュニティを運営するメリットはなんですか?」

私は、社外コミュニティによって自分のキャリアを救ってもらった、と本気で考えています。たくさんの人と出会って、仲間ができて、ご縁のおかげで仕事が増えていって……「コミュニティ運営にはメリットしかない」と思っています。

とは言え、こうしたメリットを得ることを一番の目的としてコミュニティを運営することは、あまりオススメしません。

20代の頃の私の恥ずかしい過去は、イヤというほど本書でご紹介してきました。たくさんの学びやセミナーに投資してきたけれど、ほとんど効果は得られず、年収はアップするどころか、転職をくり返すことでどんどん下がっていき、当時の最低賃金で働いていた時期もありました。

でも、自分と向き合い、自分本位の学びをやめて、「誰かのために」と考えて動くようになってから、学びという自己投資がやっと意味をなし始めました。**学んだこと**

を誰かに喜んでもらうことで、幸福度は高まっていき、さらには収入も高まるという好循環に入ることができたのです。

独立前、そして独立したあとにもさまざまな方に出会ってきましたが、会社の中でも会社の外でも、売れている人・活躍している人は、決まって**「関係性が薄い人」を助ける習慣**がありました。

家族や友人など、関係性が濃い人であれば、助けるのは当然です。でも、たとえば、自分が疲れ果てている時に、電車でご老人や妊婦さんに席を譲ることができるかといったら、少しあやしいのではないでしょうか？　また、道で困っている人がいたとしても、声をかけるのをためらってしまうこともあるのでは？

そういう気前の良さというか、**「手助け慣れ」**をしている人が、活躍の場を得ていると感じています。みなさん成果をあげていますし、とても幸せそうです。

じつは、**人を助ける習慣を身につけるのに、社外コミュニティはうってつけ**です。コミュニティの中で、「リーダー」や「サブ・リーダー」「プロジェクト・リーダー」などの役割を得て動いてみると、自然と人を助ける習慣が身につきます。

ぶっちゃけていうと、**スキルなんて、誰でも大して変わりません。**みんな、「どんぐりの背比べ」のようなものです。**差をつけているのは、「何かお手伝いできることはありませんか？」と、先んじて声をかけられるかどうか**です。

みんながみんな、「お願いします」というわけではないでしょうが、たとえ十人に声をかけて一人でも「助けてほしい」という人がいたら、その人に対して貢献すればいいのです。

「もらおう」と思っていくら社外の活動に参加しても、実際に得られるものは、「与えよう」とする人に比べると、ずっと限られてしまいます。

「与える」といっても難しく考える必要はありません。私たちが自然と行っている、ごくごく当たり前のことです。

いちばん**手っ取り早い方法は、相手の発言に対してリアクションをすること。**身近なこととしては、SNSでコメントしたり「いいね」を送ることから始まります。そもそも、なんの接点もない相手から突然「手伝いましょうか」なんていわれても、ちょっと引いてしまいますよね。

私たちが人に頼るのがニガテなように、相手もまた頼り慣れていないことが多いのです。だから、人を助けたい、人に与えたいと思ったら、まずは相手に心を開いてもらうことが大切です。そのうえで、ほんとうに必要としていることを聞き出して、受け容れてもらう――人を助けるって、じつはこうした当たり前のことの積み重ねだったりします。

人生100年時代、いちばんのリスクは居場所を失うことだと、この本の最初にお伝えしました。これは裏を返せば、**「居場所」という希少価値のあるものをつくり出して、与えられる人は、とても貴重**だということです。

まずは、自分が自分らしく成果を出せる居場所をつくる。そして次は、自分が応援したいと感じる人が輝ける居場所をつくる。そんなコミュニティ・ワーカーのまわりには、幸せに成果を出す仲間たちが集まり続けることでしょう。

コミュニティ・ワーカーが目指すのは、そんな幸せの連鎖なのです。

おわりに

最後までお読みいただき、ほんとうにありがとうございました。

私は、今でこそコミュニティの専門家として活動をしていますが、仲間づくりに苦労する人生を歩んできました。

さかのぼること……なんと3歳の頃のことです。幼稚園の初登園の日にいじめっ子の女の子とトラブルになってしまいました。それ以来、ずっと「友だちづくりが苦手な引っ込み思案な人間だ」と、自分のことを決めつけていました。田舎という狭いコミュニティの中で、違う自分として振る舞いたくてもそれが叶わず、ずっと自分で自分の限界を決めて生きていたのです。

高校、大学を卒業し、東京で働き始めてからも、基本的には変わりません。ずっと、人付き合いや友だちづくり・仲間づくりが苦手だと思い込んできました。

その思い込みがいき過ぎて、なじもうと一生懸命努力するけれど、ムリをして疲れ果ててしまって、人間関係をリセットするかのように転職をくり返してきました。

「だったらせめてスキルアップしよう！」と努力したものの、活躍のチャンスを得られず空回りを続けてきたというのも、本書でご紹介した私の黒歴史です。転職やスキルアップが空回りして、お給料が東京都の最低賃金にまで落ちてしまった経験を経て、30歳の時、社外コミュニティに出会い、私は大きく変わることができた……というのも、すでにご紹介したことですね。

はじめは応援したいと思える大好きな人たちに受け容れてもらえたことがうれしくて、「まわりのためになるならば」と無償で行っていた活動が、いつの間にかお金がもらえるようになり、今の仕事へとつながっていきました。

コミュニティの仲間と立ち上げた「株式会社女子マネ」という社名の由来は、２０１４年に大ヒットした「もしドラ」（『もしも高校野球の女子マネージャーがドラッカーの『マネジメント』を読んだら』岩崎夏海著、ダイヤモンド社）からヒントを得ています。つぶれかけの野球部のマネージャーになった主人公の女子高生が、ドラッカーを読んで野球部を立て直す話です。この本のマネージャーが、チームのためにメンバーの不得意なことを自分で引き受けて、セッティングしながら応援する姿に、「こういうふうにまわりを応援できる人って、かっこいいな」と、素直に思いました。

それ以前の私は、「どしたら自分をすごく見せられるか」「どうしたら自分にファンを集められるか」と、自分のためにがんばっていましたが、どこかでそれに苦しさを感じていました。でも、**「誰かを応援するためならば、私はもっとがんばれるかもしれない」**と気づけたのです。

人は、必ず誰かのために、なんらかの役割を果たす使命をもって生まれてきています。子どもでも、大人でも、年配の方でも、誰もが人を幸せにする力をもっています。

「この人を応援したい」「勝たせてあげたい」という気持ちがあれば、今の

自分の限界を超えた力を発揮することができると信じています。

私も、夢中で誰かを応援する中で、自分の行動にブレーキをかけていた2つの思い込みが消えていきました。それは次の2つです。

・自分の限界（役割）を決めつけること
・仕事と遊びを区別すること

私たちはしばしば「仕事だから」と自分に言い聞かせることで、自分を守ってしまいます。「仕事＝お金をもらっているから」という言い訳をして、自分を今以上に活かすことをあきらめたり、自分に期待をしないようにしたり、余力を残そうとしたりしています。

きっと、こうした不完全燃焼な感覚って、誰にとっても心地良いものではないはずですよね。

一方で、夢中になって誰かのために仕事をしていると、2つのブレーキは勝手に外れていきます。すると、お金以外の形で報酬を受け取るようになっていき、自分に返ってくるものがどんどん大きくなっていきます。

さらには、夢中になって取り組んでいるうちに、それまで限界だと思っていた自分の枠すら超えていく勇気がわいてくるのです。

私がかつて「これが限界だ」と思っていたものは、きっと勝手に決めつけていたものなのでしょう。「限界を超える」というと、なんだかリスクや苦痛を伴うものに感じるかもしれませんが、私にとっては、とても楽しく刺激的な時間でした。

少しスケールの大きな話をすると、私は、**「コミュニティをつくったり、活用したりする方法を、もっとみなさんに知ってほしい。そして、すべての人が居場所を感じられる世界をつくりたい」**と思っています。

ニュースで惨忍な事件を見るたびに、犯人を責める意見を聞きます。もちろん、責任は追及されるべきですが、誰とも縁をつなぐことができず、この社会に居場所を感じることができない、誰も止めてくれない環境にいたのではないかと思うと、胸が痛みます。

本書も、そんな思いから書き上げました。**誰もが孤立することのない社会をつくる一助になりたい。**

私は、「一隅を照らす」という言葉を、心のよりどころにしています。**すべての人には、「照らすべき一隅」があって、「私は照らす光をもっている」という確信をもち、「私にはその一隅を照らす責任がある」と自覚することが人を強くする**――私は、そう考えています。

「今の私が照らせる暗がりはないだろうか?」と目の前を見つめると、今いる環境に対して、これまでとは違った見方ができるのではないでしょうか。

「経理担当者」「○○会社の○年入社の仲間」「お母さん」「○○さんの奥さん」「○○大学の卒業生」「○○町の一員」など、こうした役割やレッテルは、洋服のように脱ぎ着できるものです。私たちは、こうしたたくさんの「顔」

を、服を試着するように試すことができるのです。

もちろん、失敗もできます。もしも試着した役割が、自分には似合わないと思ったら、違うものに変えればいいだけのこと。本書でご紹介してきたのは、そんなロー・リスクでできる働き方改革のひとつの方法です。

こうしてさまざまなものを試しながら、心地良いものを自分に取り入れていくことで、まずは、あなた自身にとって心地良い居場所を手に入れてください。すると、もう一度、子どもの頃に夢見たような自分の可能性を取り戻せるのではないでしょうか。


「私たちは、何にでもなれる」


この本が、あなたがその感覚を取り戻すきっかけになればうれしいです。

最後に、私自身がこのように思うことができるようになった最初のきっかけをくれた、六本木ビブリオバトルの仲間たちには感謝をしてもしきれません。そして会社を飛び出す勇気をくれた株式会社女子マネの役員になってくれた友人たち。また、起業してからいろいろなコミュニティにも参加させていただいて、サポートしてくれる「議論メシ」の黒田悠介さん、株式会社ルーチェの西村公児さん、Ｍｉｎｄｓｅｔ．ｉｎｃの李英俊さん、そしてこの本を生み出すきっかけを二年越しでつくってくださった柏原里美さん、ほんとうにありがとうございます。

本書をとおして「私たちは、何にでもなれる」ということに気づいたあなたから、一隅を照らしていただき、誰かの居場所につくれる人になっていく。そんな連鎖がつくれたならば、著者としてこの上ない幸せです。

２０２０年１月　中里　桃子

中里桃子（なかざと ももこ）
株式会社女子マネ 代表取締役。オンラインサロンの立上げ＆運営パートナー。コミュニティマネージャー。

東京都在住・佐賀県唐津市出身。

職人家系の長女生まれで「人に頼るより自分でやろう」というタイプ。「自分の腕で食べていく」ために独立を目指し、さまざまな資格取得に挑戦したり、起業塾に入ったりするが、自分の苦手分野につまずき、どれもカタチにならず、会社員としても20代で7社を転々とする。転機になったのは2013年、社外コミュニティ運営に関わったこと。会社員を続けながら、100名規模の読書会の運営や3年間の貸会議室運営を経験。複業会社員やフリーランスとチームを組んでマネジメントする方法としてコミュニティ運営スキルを習得し、2016年に創業。自社の社員もゼロのまま、10数人のフリーランスや会社員・主婦と協業しながら上場企業の新規事業立ち上げにも関わっている。2019年に著者自身の妊娠で働く時間を3分の1にするも、売上は2倍になるなど安定して会社を成長させている。

著書に、『副業・人脈・好きなこと 人生が変わる「オンラインサロン」超活用術』（PHP研究所）、『人と人とのつながりを財産に変える オンラインサロンのつくりかた』（技術評論社）など。

https://joshimane.jp/

『自分の居場所をつくる働き方』読者限定プレゼント

「ワークシートダウンロード」「セミナー動画」「オンライン読書会参加権*」

下記URLまたは、QRコードよりお申込みください。
https://resast.jp/subscribe/NzY5N2NhZjIwM

【注意事項】
＊オンライン読書会参加権の有効期限は、2020年12月31日までとなります
＊特典は、ウェブ上でご利用いただきます
＊動画の再生について、ソフトのご利用方法、パソコンの設定方法についてのご質問にはお答えできかねます
＊本プレゼントは、予告なく終了する場合があります

自分の居場所をつくる働き方

仲間とつながり、自分らしく成果を出すコミュニティ・ワーカー

2020年2月10日　　　初版第1刷発行

著　　者――中里桃子

発 行 者――張 士洛
発 行 所――日本能率協会マネジメントセンター
〒103-6009　東京都中央区日本橋 2-7-1 東京日本橋タワー
TEL　03(6362)4339(編集)／03(6362)4558(販売)
FAX　03(3272)8128(編集)／03(3272)8127(販売)
http://www.jmam.co.jp/

装丁、本文デザイン――藤塚尚子
ＤＴＰ――――株式会社明昌堂
本文イラスト――しまだあや
印 刷 所――――シナノ書籍印刷株式会社
製 本 所――――株式会社三森製本所

ISBN 978-4-8207-3194-8　C2034
落丁・乱丁はおとりかえします。
PRINTED IN JAPAN

JMAM の本

組織にいながら、自由に働く。

仕事の不安が「夢中」に変わる加減乗除の法則

仲山進也　著

四六判248頁

「副（複）業解禁」「人生100年時代」……これまでの“常識”が通用しない時代、どのように働いていけばいいのか？　自分の働き方をアップデートするにはどうしたらいいか？「自由すぎるサラリーマン」と呼ばれる著者がまとめた、働き方の4つのステージ。

ザッソウ　結果を出すチームの習慣

ホウレンソウに代わる「雑談＋相談」

倉貫義人著

四六版260頁

“ザッソウ”とは、「雑談＋相談」「雑な相談」のこと。雑談があることで相談がしやすくなり、人間関係が構築されて心理的安全性を高めることができる。チームビルディングを成功させるコミュニケーションのヒントが得られる1冊。

日本能率協会マネジメントセンター